柴田勝家と支えた武将たち

小野之裕

柴田勝家銅像（「北の庄城址・柴田公園」内）

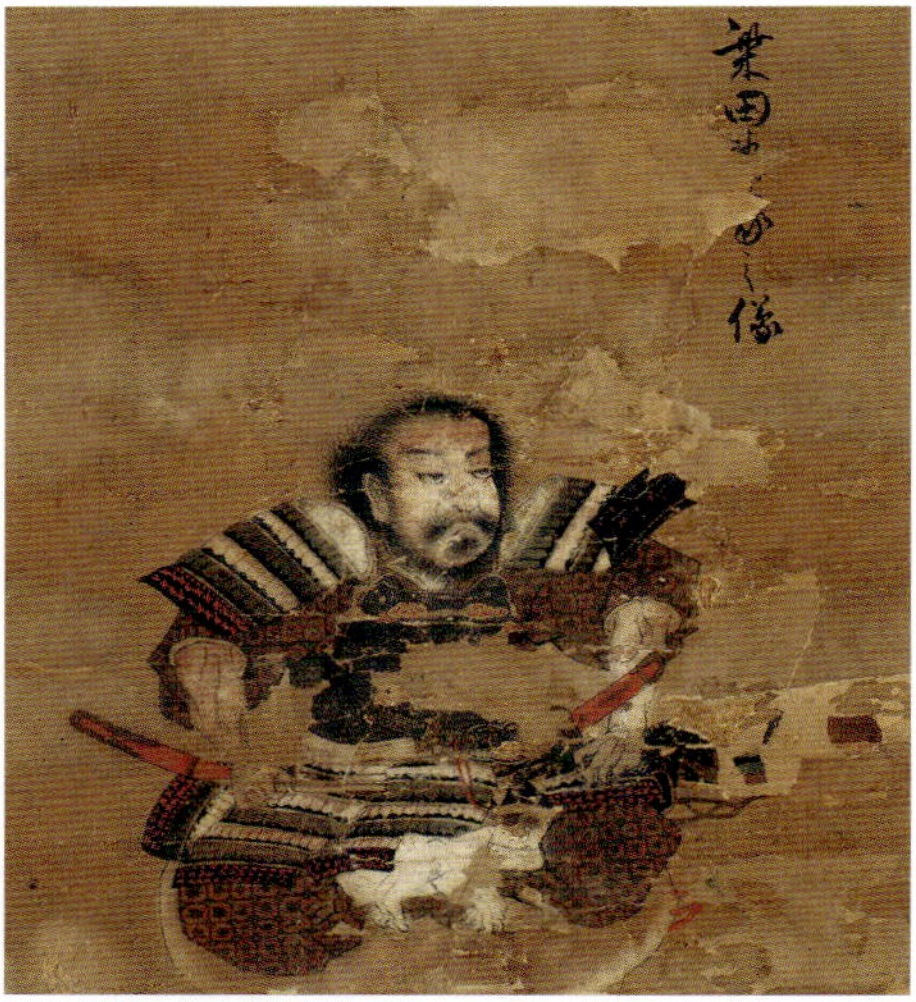

柴田勝家肖像画（部分）
（柴田勝次郎氏蔵　福井市立郷土歴史博物館保管）

お市の方肖像画（部分）（滋賀県立安土城考古博物館蔵）

上：賤ヶ岳合戦図屏風左隻３～６扇
下：賤ヶ岳合戦図屏風左隻６扇　秀吉方の砦を攻める勝家方佐久間盛政隊

（大阪城天守閣蔵）

賤ヶ岳山頂から余呉湖を望む

北の庄城址・柴田公園

柴田勝家と支えた武将たち

小野之裕

はじめに

柴田勝家の人物像を知るための手がかりとなる文献資料は、幼少期について書かれたものはほとんどなく、年齢を重ねるにつれて断片的ではありますが武将として活躍した様子を知ることができるようになります。それに比して晩年すなわち主君の織田信長が横死して以降、清洲会議を経て「賤ケ岳の戦い」に敗れ自害するまでに関する記述は圧倒的に多くなり、年代によって偏りがみられます。資料に書かれた記述の多さに加え、日本史の教科書にも登場するほど有名な「賤ケ岳の戦い」で秀吉と戦ったということもあり、「天下人となった豊臣秀吉に敵対し敗れた武将」という、いわば脇役として捉えられることが多いのではないかと思います。

ところで、勝家は、はじめは権六といい、のちに修理亮《しゅりのすけ》を称します。そして「鬼の権六」「鬼柴田」という渾名があったことが知られているため、私たちには〝恐ろしく勇猛な武将〟というイメージが定着しているように思われます。また、勝家の肖像画を見ても、それにふさわしい顔立ちや体格をしているように見受けられます。

次に、諸資料のなかでは勝家がどのような人物であると見られていたかについて紹介してみたいと思います。まず、江戸時代に成立した随筆『翁草』には「木綿藤吉、米五郎左、かかれ柴田にのき佐久間」という小唄の一節が載っています。これは信長の重臣である羽柴秀吉（木下藤吉郎）は木綿のように重宝な必需品、丹羽長秀（五郎左衛門尉）は米のようになくてはならぬもの、柴田勝家は戦場における突進力では随一、佐久間信盛は退却や殿《しんがり》にはうってつけであることを言い現しています。ただ、『武家事紀』には「勝家は武勇絶倫にして、信長軍旅を率するごとに必ず先軍をつとめ、城を攻め邑を破る。信長兵をかえす時、その退口大節ならんには、勝家また後殿を承る」と書き記していますので、攻めるときに先陣をつとめただけでなく、退くときには殿をつとめる能力を持ち合わせた武将であったようです。また、宣教師ルイス・フロイスはたびたび勝家と面会しており、本国宛の書簡において彼を次のよう

柴田勝家復元模写像（滋賀県立安土城考古博物館蔵）
（富沢千砂子　筆　原本：柴田勝治郎氏蔵）

に評しています。「はなはだ勇猛な武将であり、また一生を軍事に費やした人」「信長の時代の日本でもっとも勇猛な武将であり果敢な人」（一五八四年一月二十日付書簡」より）

このように、諸資料に書かれた勝家の人物像も、今日私たちの多くが思い描いている人物像と概ね同様なイメージで捉えられているようです。確かに勝家は「勇猛な武将」ではあるのですが、本当にそれだけで信長の筆頭家老ともいえる立場になり、越前国を与えられて北庄城《きたのしょう》の城主をつとめることができたのでしょうか？　この本ではこうした疑問に答えるため、諸資料を通して勝家の足跡を追いながら「勇猛な武将」だけでは捉えることのできない人物像を探ることができればと思っています。また、様々な文献資料のなかから勝家にスポットライトを当てることにより、脇役としてではなく生き生きと活躍した武将として見つめ直すこともできるのではないかと期待しています。なお、この本では勝家を支えた武将についても紹介していますので、違った角度から勝家を見ていただけるのではないかと思います。また、勝家や勝家を支えた武将にゆかりのある史跡にも触れていますので、この本を携えて現地に足を運び想いを巡らせていただければ幸いです。

◇参考・引用文献

松田毅一監訳『十六、七世紀イエズス会日本報告集　第Ⅲ期第６巻』（同朋舎出版）

柴田勝家と支えた武将たち　目次

第一章　柴田勝家の足跡を追って

一　敵対から家臣に

勝家の出自についてては確実なことはわかっていません。まず生年についてみると、『柴田勝家公始末記』には天正十一年（一五八三）に死去したときの年齢を六十二歳と記しており、数え年での記載を考慮すると一五二二年に生まれたと推定できます。しかし、享年を五十八（一五二六年生）や五十七（一五二七年生）と記す資料もある（註）ようで、さらに下社《しもやしろ》城の跡地にある明徳寺《みょうとくじ》（名古屋市名東区陸前町）の説明板では〝一五三〇年に生まれる〟とあり、定かではありません。なお、宣教師ルイス・フロイスは一五八四年一月二十日付書簡の中で「彼（勝家）はすでに六十歳になるが……」と記しているので、一五二二年生まれとするのが最も有力であるようです。また、出生地についても『張州府志』では（愛

柴田勝家出生地

勝家は享禄三年（一五三〇）この地で生まれたといわれる。幼名を権六といい、織田信長の重臣で、勇猛な武将であった。主君の命で近江長光寺城を守っていたとき、佐々木承禎に城を攻められ、籠城に備えた飲料用の「水がめ」を割り士気を鼓舞して大勝を得た「かめ割り柴田」の逸話は、人々によく知られているところである。

ここ明徳寺は正晌山と号し、真宗高田派の寺院である。

名古屋市教育委員会

明徳寺（下社城跡）境内の説明版より

智郡）〃上社《かみやしろ》村人〃となっていますが、先ほど紹介した明徳寺の説明板では「この地（下社城＝愛智郡下社村）で生まれた」とされていますので、こちらも定かではありません。（以上、カッコ内は筆者補記）

次に、勝家の父親について見ると、『柴田勝家公始末記』では斯波一族の柴田土佐守《とさのかみ》男であるとしていますが、これも定かではないようです。

勝家は若い頃から織田信長の父・信秀の家臣として仕え、信秀の生前に信長の弟・信行（信勝）の家臣に配され、末森城（名古屋市千種区城山町）で仕えました。ところが、信秀が死去すると織田家の後継者を巡る争いが発生し、勝家もこれに関わることになります。

信行付の家老・林秀貞がその弟や勝家と謀って、信長を排し信行を後継者にしようと画策したことが『武家事紀』に書き記されています。そして弘治二年（一五五六）信長勢と信行勢とが衝突し行われたのが「稲生《いのう》の戦い」です。勝家は信行付の家臣として信長に挑み、当初は有利に戦いを進めました。しかし、信長が立ち向かい大声を発して怒ったのを見て勝家の兵たちは信長の威光を恐れて逃げ崩れ、この戦いに敗れました。この後信長の母の執り成しもあって罪を許された信行や勝家らは墨染めの衣を着て清洲城（愛知県清須市朝日城屋敷）に出頭し、信長に礼を述べたということです（以上『信長公記』による）。ところが、しばらく後に信行は再び謀反の計画を企てます。このとき勝家は信行を見限り謀反の企てを信長に密告し、これにより信行は信長に殺害されました。

なお、『信長公記』には「このときの忠節によって、のちに越前という大国を勝家に与えたのである」と書かれ、一方林秀貞は後に遠国に追放されていますが、この理由についても『信長公記』では「かつて信長が尾張で苦心していた頃信長に敵対したからである」としたうえで、「林兄弟の画策によって信長と信行の兄弟仲が不和になった」と書かれています。そして『武家事紀』によると、弘治三年（一五五七）に勝家は信長の家臣になったということです。

「稲生の戦い」では信長に敵対した信行付の家臣・勝家が、どのような理由で信行を見限り信長に付いたかは定かではありません（『信長公記』には「稲生の戦い」で敗れて以降、勝家が信行から軽視されるようになったことがあげられています）。しかしながら、一貫して織田家のことを思い、織田家のために仕え、支え続けた勝家の人生から振り返って考えると、「稲生の戦い」などを通して信長の武将としての力量を認める一方で、敗戦後信長の許しを得て忠実に従うことを誓ったにもかかわらず、再度謀反を企てようとした信行を見限ることが織田家存続のうえで正しい選択であると判断したのではないかと思われてなりません。いずれにしても『信長公記』の記述から判断すると、結果としてこの時の決断がその後の人生を変える大きな転機になったことは間違いありません。

下の写真は「稲生原古戦場跡・庚申塚《こうしんづか》の碑（名古屋市西区名塚一丁目）」ですが、庚申塚は「稲生の戦い」の死者を祀ったものといわれています。

（註）高柳光壽『戦史ドキュメント　賤ケ岳の戦い』（学研M文庫）によると、『北畠物語』には享年五十八、『続本朝通鑑』には享年五十七と記されているとしています。

◇参考・引用文献
福井市立郷土歴史博物館『研究紀要』第10号所収　足立尚計「校訂『柴田勝家公始末記』」
名古屋市教育委員会『名古屋の史跡と文化財』
松田毅一監訳『十六、七世紀イエズス会日本報告集　第Ⅲ期第6巻』（同朋舎出版）
名古屋史談会『張州府志』（愛知県郷土資料刊行会）

稲生原古戦場跡・庚申塚の碑

稲生原《いのうがはら》古戦場跡

織田家の家臣柴田勝家、林光春らは末森城にいた織田信行を擁立し、清須の兄・信長を討とうとして、弘治二年（一五五六）八月二十四日、この地で戦いを挑んだが、清須側の勝利となった。勝利した信長は尾張の統一に大きく踏み出した。

ここにある庚申《こうしん》塚は、この合戦の死者を祀《まつ》ったものといわれるが、本来は庚申信仰の名残でもある。

名古屋市教育委員会
「稲生原古戦場跡」の説明板より

◆コラム 『名将言行録』に見る勝家①

信行・勝家・通勝（秀貞＝筆者補記）らの陰謀を知った信長は、弘治二年（一五五六）の八月二十四日に、先制の兵をおこし、尾張稲生村で信行の軍を攻めつけた。

はじめ戦いは、勝家の奮戦めざましく、信長の兵は押しまくられて危うくみえたが、前田利家の働きにより形勢逆転し、林通具ら四百五十余が討死にし、信長の大勝におわった。

信行は、末森の城へ逃げこみ、生母の土田御前を通じ、信長に降伏した。母の仲介であれば、信長も許さざるをえなかった。

この敗戦で、うつけと侮っていた信長の実力を、いやというほど知らされた勝家は、前非を悔い、信長に侘びを入れた。

「よう、よう、権六、頭を丸めおったか、殊勝じゃ、ワッハハハ」

「おそれいります。こん日、この日をもって心を改め、ご奉公つかまつりまする」

勝家は、剃りたての頭を地べたにつけ、はいつくばる。

「大仰なまねをするな、当家一番の剛の者が……これ権六、面をあげい」

信長は、にっこりうなずき、勝家の分別をよろこぶ。

「おのれの非をみとめ、はばかるところがないのは、まことの勇士じゃ。信長うれしく思うぞ。おぬしが、わが陣に加わるなら、わしも心強い。いっそ奉公にはげんでくれい」

「は、はあ……ありがたきお言葉、権六、身にしみまする」

剛直は、それだけに情にもろい。勝家は、目に露をにじませて感動する。

「や、や、鬼が泣きおったぞ。おかしげな、それ、空は日本晴れというに、ワッハハハ」

信長の高笑いがあたりの息づまりを吹っ飛ばした。思わず勝家も緊張をゆるめ、信長を見あげる。はじめて視線が合う。寸時であったが勝家は、するどい信長の眼光の奥にひそむ恩愛をよみとった。

——このお方のためなら、命を惜しむまいぞ。

と、限りない忠誠を誓う。


藤公房『戦国・名将言行録　一　東海編（上）』（ダイヤモンド社）より引用

二　「瓶割り柴田」のエピソード

勝家は信行（信勝）の死後罪を許されて信長の家臣となりましたが、その後の尾張統一戦、桶狭間の戦い、美濃攻略戦などにおいては『信長公記』など信憑性の高い史料に勝家の名がいっさい載せられておらず、しばらくは活躍の場を与えられることがなかったようです。しかし、有用な家臣には活躍の場を与える信長により、永禄十一年（一五六八）足利義昭を奉じた上洛戦の頃から重用されるようになったようです。その後、信長の妹・お市の方を妻として同盟関係にあった浅井長政が信長から離反すると、それに呼応してかつて信長に近江を追われた六角承禎《じょうてい》（義賢）・義治父子が琵琶湖南岸に進出してきたため、勝家は信長から長光寺城（近江八幡市長光寺町）を任されました。

これから紹介する「瓶割り柴田」のエピソードは、元亀元年（一五七〇）に六角承禎父子が長光寺城を攻め寄せたときの話です。

長光寺城を攻めた六角勢が城に通じる水源を絶つと、城中はたちまち水不足に陥りました。しかし、勝家は城に残った水を水瓶三つに入れ、それらを並べさせたうえで兵を集めて見せ、城中には水がわずかしかないので渇死する前に城外に出て必死の戦いをすべきであると述べ槍で瓶を叩き割りました。これにより兵たちはもはや討って出るより他に道はないと覚悟を決め、死にもの狂いで敵陣に乗り込み劣勢を覆して六角勢を打ち破ったということです。

このエピソードはこれを伝える『武家事紀』による創作であるともいわれていますが、勝家が「瓶割り柴田」とも呼ばれるのはこのような伝承にもとづいています。仮にこれが事実であるとすれば、勝家はただ勇猛な武将であるだけでなく、窮地に陥ったときにも冷静に対処し、味方を鼓舞して窮地を脱する術を持ち合わせた武将であったと推察することができます。

なお、柴田神社（福井市中央一丁目）ではこの伝承にもとづき、例年「瓶割り神事」が行われています。

「瓶割り柴田」の図（「北の庄城址・柴田公園」内）

この後も勝家は信長の命を受けて、各地で繰り広げられた戦いに従軍します。『信長公記』に記録が残る勝家が従軍した主な戦いは、浅井・朝倉連合軍との姉川の戦い、石山本願寺に呼応した長島一向一揆の鎮圧、比叡山焼き討ち、信長に反旗を翻した将軍足利義昭との戦い、越前（福井県）・朝倉義景を攻めた一乗谷の戦い、近江（滋賀県）・浅井長政を攻めた小谷城《おだにじょう》の戦いなどで、この時期勝家はまさに東奔西走の活躍ぶりでした。なお、元亀四年（一五七三）の将軍足利義昭との戦いにおいて、勝家が総司令官であったことが宣教師ルイス・フロイスの書簡（一五七三年五月二十七日付）に記されており、この頃にはすでに信長軍の最有力クラスの武将であったようです。

◇参考・引用文献
谷口克広『信長軍の司令官』（中公新書）
松田毅一監訳『十六、七世紀イエズス会日本報告集　第Ⅲ期第４巻』（同朋舎出版）

◆コラム『名将言行録』に見る勝家②

都にかえった信長は、翌（元亀元年＝筆者補記）五月になると近江の長光寺城を勝家にあずけ、六角の動きに備えさせた。あんのじょう承禎は、近江奪回の軍をおこして野洲《やす》に出兵し、またたく長光寺城をかこんだ。

しかし、勝家の守りはかたい。落城の気配は、さらさらない。そのうち承禎は、城内に湧水はなく、城の裏手の谷川から水を汲んでいるという情報を得て、水の手を断つ策にでた。ついで、平井甚助という者を使者にさしむけ、和平をすすめ、かたわら城中の様子をさぐらせた。

軍使をむかえた勝家は、

「造作をかけますな。わざわざ来られ大儀であった。義賢（承禎）どののお申し入れの条しかとうけたまわった。後刻、ご返事申しあぐ」

と、ねぎらい、銅盤になみなみと水を入れて、甚助に差しだす。

「ひとしお暑い日、ご苦労でござった。さ、さ、ぞんぶんに、汗を拭かれい」

甚助は仰天した。

飲み水どころか、浴び水もこのようにあるのかとおどろき、急ぎ帰陣して、承禎に、

「城内には、かくし井戸があるとみました。このぶんでは、なお城ごもりをつづけましょう」

と、報告した。

籠城を解かず、長陣にわたると見せかける勝家の策略に、承禎はまんまと引っかかった。

使者がかえると、勝家は将兵を中庭に集め、

「おぬしら、みられい。飲み水も、はや三つの瓶にのこるのみとなった。いざ、死中に活を求めて打ってでん。さあ、こころおきなく飲みほせい」

みずからも、柄杓を手に、たらふく飲み、

「あると思えば、あんがい飲めぬものじゃのう。ワッハハハ」

みなが、えたりと、がぶ飲みし、飲みあきた。一同が、飲みおえたとみた勝家は、

「もう水は要らぬな。よし大地にくれてやろうぞ」

いいざま、斧をふりあげ、はっしと水瓶を割り砕く。

「かくなるうえは、生きるか死ぬか、めいめいの働きによる。ものども、奮い立ていッ」

勝家のするどい一声。ついで城門があけ放たれた。

全軍、必死の形相もすさまじく、長陣に倦みかけた六角勢のまっただなかになだれこみ、激戦のすえ七百八十余人を撫で斬って、敗走させた。

柴田軍に、生気のかちどきがあがる。死をのりこえた大将勝家の不退転の決断が、大勝をかざったのである。


藤公房『戦国・名将言行録 ― 東海編（上）』（ダイヤモンド社）より引用

三　北庄城の城主に

『信長公記』によると、天正三年（一五七五）「長篠の戦い」で武田氏の脅威を取り除いた信長は、総力をあげて越前一向一揆の徹底的な討伐を行い、これを平定すると勝家は越前（福井県）八郡を任されることになり、領地の大きさでも信長家臣のなかでトップになりました。そして信長から城を築くように命ぜられた勝家は北庄《きたのしょう》城を築城し、城主として城下町の建設にも着手するなど、この年は勝家にとって大きな転機となりました。なお、北庄城の縄張りは信長自らが行っており、基本的な設計は信長の指示のもとに行われたようです。

ところで、北庄城は安土城に勝るとも劣らないほどの幻の名城であったといわれていますが、実際にはどんな城であったのでしょうか？　北庄城は旧吉野川と足羽《あすわ》川の合流点を本丸とし、北へ二の丸、三の丸を配した平城とされており、現在の柴田神社（福井市中央一丁目）付近が本丸跡と推定されています。しかし、城は天正十一年（一五八三）に勝家が自害した際に火災で炎上してしまい、さらに慶長五年（一六〇〇）に初代北庄藩主となった結城秀康が翌年の慶長六年（一六〇一）にこの地に新しい城（後の福井城）を築城したため、勝家時代の北庄城の遺構はほとんど地下に埋もれてしまい、当時の外観を伝える絵図や図面も現存していないようです。

ただ、以下の資料によってその一端を窺うことができるのでそれを紹介します。まず、ポルトガルの宣教師ルイス・フロイスが本国に宛てた書簡では次のように報告しています。「この城は大変立派なもので大工事が行われているところであったが、歩みながら見て私がもっとも喜んだのは城並びに他の多数の家々の（屋根）瓦であった。それらの瓦はことごとく立派な石で作られ、その色により城にいっそうの輝きを添えている」（一五八一年五月十九日付）、「城の屋根はすべていとも滑らかで、あたかも轆轤《ろくろ》で作ったかのように形の良い石で葺いてあった」（一五八四年一月二十日付）。また秀吉が勝家を攻めたときの戦況を小早川隆景に報じた天正十一年（一五八三）五月十五日付の書状には「城中ニ石蔵を高築、天主を九重ニ上候……」と、『柴田合戦記』には「甲の丸と呼ばれる本丸は巨石で石垣を積み上げてある。天守は九重に上げ、石の柱に鉄の扉で厳重に構え、精兵三百余人が立て籠もり、防いでいた」と書き記されています。

これらの資料からは以下のことがわかります。まず秀吉の書状や『柴田合戦記』によると、九重の天守を持つ当時最大級の城であったということになります。ただし、実際に九重の天守であったとすることには疑問を呈する見解もあります。また、フロイスの書簡では城館や武家屋敷の屋根が立派な石で葺いてあると記していますが、勝家の墓所である西光寺《さいこうじ》（福井市左内町）には笏谷石《しゃくだにいし》製の鬼瓦が残っています。さらに『柴田合戦記』の記述からは、北庄城が堅固な構造で、すぐれた防御性を持っていたこともうかがえます。

なお、「北の庄城址・柴田公園」内にはこれらの文献資料をもとに作成した想像図が掲示されています。

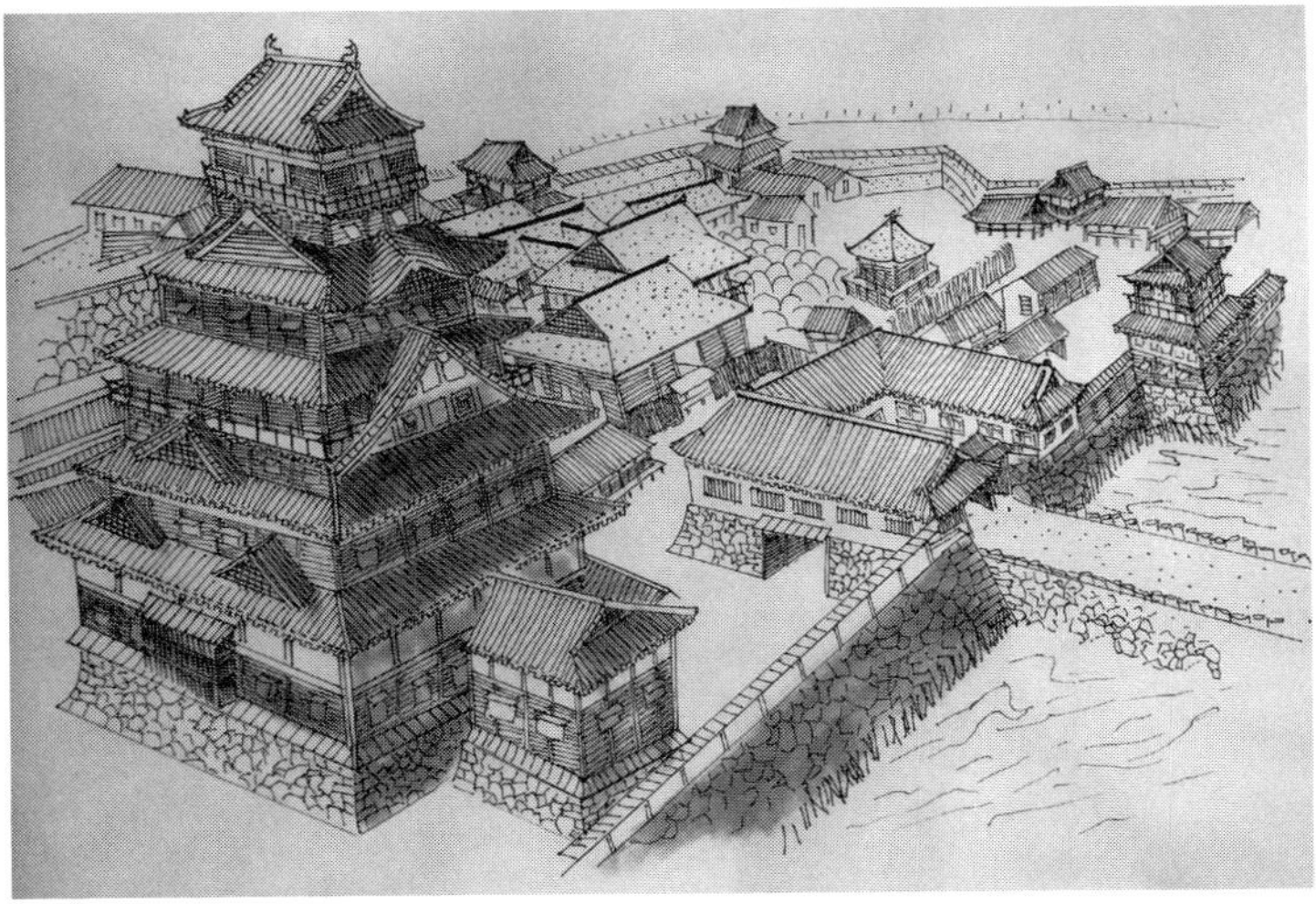

北庄城想像図（「北の庄城址・柴田公園」内）

◇参考・引用文献

福井市『福井市史　通史編１　古代・中世』
福井市『福井市史　資料編１　考古』
松田毅一監訳『十六、七世紀イエズス会日本報告集　第Ⅲ期第５巻』（同朋舎出版）
松田毅一監訳『十六、七世紀イエズス会日本報告集　第Ⅲ期第６巻』（同朋舎出版）
福井市『福井市史　資料編２　古代・中世』
『名城をゆく24　北庄城・丸岡城・一乗谷館』（小学館）

四　越前八郡の領国経営

『信長公記』によると、信長は越前（福井県）八郡の領国を勝家に与えるにあたり九ヶ条にわたる「掟」を発令しています。「掟」では民に不法な税を課してはならないこと、裁判は公正に行うこと、関所を廃止することなどを具体的に示すとともに、何事も信長の指図に従うように指示しています。さらに勝家の目付役として前田利家ら三人を置いて治世に当たらせ、互いに切磋琢磨するように心がけることも合わせて指示しています。

ところで、宣教師ルイス・フロイスは一五八一年五月二十九日付書簡で「彼（勝家）は越前国の半分乃至はそれ以上、並びに征服した加賀国全土の国主のような人であるゆえ、当地では手柄、身分及び家臣については信長にも等しく人々は彼を上様、その息子を殿様と呼んでいる」（カッコ内は筆者補記）と書き記しており、勝家が領国においてどのように見られていたかを知る手がかりになっています。

次に勝家がどのような領国経営をしていたかについては『柴田勝家公始末記』に具体的に書き記されており、それによると刀ざらえ（刀狩り）を実施し、一向宗宗徒の武器を没収して農具に打ち直し再び農民に分配したほか、残りは鋳直して四十八艘の川舟をつなぐ鎖にしました。また、足羽川に半石半木（橋の半分が石、半分が木で造られる構造）の九十九橋《つくもばし》を架けて舟渡の運賃を軽減したり、新たに栃の木峠越えの脇往還を開くなど交通の便を図ったことがわかるということです。また『福井県史』によると、勝家は国内の体制を整備し、強化するために検地も実施していますが、勝家の検地はなによりも「村高」を確定し、それを村に請け負わせることを意図していたということです（カッコ内は筆者補記）。

さらにほかの諸文書からも勝家の領国経営の実態をうかがうことができるようで、たとえば橘家文書には有力商人に特権を与えてその他は楽座令を適用して経済政策に手腕を発揮したことが、法興寺文書には朝倉氏滅亡後の一乗谷から住民を移住させて城下の中心街を形成したことが、森田正治家文書には城下の治安については「北庄法度」を発したことが、さらに大連三郎左

縮小復元された九十九橋（「北の庄城址・柴田公園」内）

衛門家文書、野村家文書には農民に対し掟書（なお、この掟は「国中江申出条々」といいます。＝筆者補記）を発して農耕に専念するように命じ、一向一揆による荒廃した農村の復興を講じたことが、片岡五郎兵衛家文書他には検地を行い給地を宛がったことが、それぞれ書き記されている（『柴田勝家　北庄に掛けた夢とプライド』による）ということです。

勝家はどちらかといえば武骨一辺倒な武将であるというイメージが強いのですが、前述のとおり城主としての立場で精力的に領内の治政をこなしており、優れた行政手腕の能力も兼ね備えていたことがうかがえます。このように武功と領国経営の両面における手腕を認められたからこそ、信長から北陸地方の大国支配を任されたものと思われます。

◇参考・引用文献

松田毅一監訳『十六、七世紀イエズス会日本報告集　第Ⅲ期第５巻』（同朋舎出版）

福井市立郷土歴史博物館『研究紀要』第10号所収　足立尚計「校訂『柴田勝家公始末記』」

福井県『福井県史　通史編３　近世一』

福井市立郷土歴史博物館『柴田勝家　北庄に掛けた夢とプライド』

五　清洲会議前後の勝家の思い

『信長公記』によると、越前（福井県）八郡の領国経営を任された後、天正五年（一五七七）勝家は信長から自らを総大将とする加賀（石川県）平定も命ぜられ、加賀一向一揆の平定と上杉謙信の西進牽制という任務を与えられます。しかし、越後（新潟県）の上杉謙信が越中（富山県）、能登（石川県）への侵攻を開始し加賀にも迫ろうとしたため、信長は勝家を援護するため羽柴秀吉らを越前に派遣しました。ところがその作戦途上勝家と秀吉は意見が合わずに衝突し、秀吉は自らの兵を勝手に引き揚げてしまい、これを境に二人の関係は悪化したといわれています。その後勝家率いる織田軍と上杉軍との間で「手取川の戦い」が行われ、織田軍は大敗北を喫したといわれています（ただし、『信長公記』には「手取川の戦い」に関する記述はありません）。

それでもその後勝家は一向一揆を制圧するとともに加賀を平定し、能登・越中にも進出しました。その間に織田家古参の家老・佐久間信盛が失脚したため、勝家は事実上織田家の筆頭家老といえる立場になりました。ところが、天正十年（一五八二）勝家が越中で謙信の死後に後を継いだ上杉景勝を攻めていたとき、明智光秀による「本能寺の変」が起こり信長は横死してしまいます。勝家は事件を知って京都に向かおうとしましたが、上杉方の反撃に遭って動くことができず、その間に秀吉は「山崎の戦い」で光秀を討ち破りました。「山崎の戦い」から二週間後の同年六月二十七日、織田家の後継者の選定と信長遺領の配分を決定するため、織田家重臣である柴田勝家、羽柴秀吉、丹羽長秀、池田恒興の四人が清洲城に参会しました。

清洲会議の経過については『太閤記』『川角太閤記』などによって知ることができます。これらによると、まず織田家後継者選定の議題で勝家は信長の三男・信孝を推しましたが、秀吉が信長の摘孫でわずか三歳の三法師（のちの秀信）を擁立すると、光秀を討伐した戦功を背景に秀吉の主張が認められ、結局織田家の家督は三法師が継ぐことに決まりました。なお、後継者選定にあたっての勝家と秀吉の思いには決定的な違いがありました。信長の三男・信孝を後継者とし、信長時代と同様に家臣たちは織田家を支えていくべきと考える勝家に対し、秀吉はあえて三歳の三法師を後継者にたて、自らが後見役になり権力強化を図ったうえで天下の君主になろうと考えたのではないかと思われます。次に、信長遺領の配分についてみても、河内（大阪府）、山城（京都府）、丹波（京都府、兵庫県）を増領した秀吉に対し、勝家は秀吉の本領である近江（滋賀県）の長浜を得たのみで、会議は終始秀吉主導で行われ勝家と秀吉の立場は逆転してしまいました。

会議から約三か月後、勝家が堀秀政にあてた十月六日付の書状（書状の内容詳細については『戦史ドキュメント　賤ケ岳の戦い』による）があり、そこには勝家の思いが記されているので内容を要約して紹介します。この覚書は五か条から成っていますが、第二条では清洲において決定したことが誓約通りに行われていないので、この際よく話し合いをして旧信長の領国が静謐するように評定をすることが必要であること、第五条ではたとえ自分と秀吉との関係が悪くても今は心を合わせて信長の領国の政治を守るべきであるのに、信長陣営同志が互いに反目しあって信長の領国を他人の領国にするようなことがあれば天道にも背くことになること、また秀吉は信長分国の中に新しい城（なお、この城は宝寺城《たからでら》（京都府乙訓郡大山崎町）を指すものと思われます。＝筆者補記）を築いているが、一体誰を敵としてそのようなことをしているのか、などと書き記されています。この書状からは勝家打倒工作をしつつ天下の君主をめざそうとする秀吉の専横を非難しながらも、秀吉を含む家臣全員が力を合わせて信長なき織田家を支えるべきという思いが伝わってきます。

◇参考・引用文献
高柳光壽『戦史ドキュメント　賤ケ岳の戦い』（学研M文庫）

六　戦線離脱した利家への温情

清洲会議後の勝家と秀吉の動向は、『太閤記』『川角太閤記』『賤嶽合戦記』『柴田合戦記』（『柴田退治記』ともいう）などによって知ることができます。秀吉は信長の二男・信雄《のぶかつ》、丹羽長秀、池田恒興を味方につけたのに対し、勝家は信長の三男・信孝や滝川一益《かずます》（信長の重臣でありながら、清洲会議のメンバーからはずされ宿老の地位を失ったため、秀吉に不満があったといわれています）とともに対抗し、両者の間で権力抗争が激化します。しかし、勝家の領国である北陸地方の冬期は雪が深くて兵を出すことが困難であるため、雪解けを待って決戦に臨むための時間稼ぎとして一時的に秀吉と和睦を結ぶことを決め、天正十年（一五八二）十一月に前田利家、不破勝光、金森長近を派遣し和議に当たらせました。これに対し秀吉は勝家方の和睦申し出を呑んだものの誓書の要求についてはこれを避けました。なお、こののち「賤ケ岳の戦い」において利家が戦線離脱したほか、勝光や長近も平和的に降伏していることから、このときに秀吉は三人に饗応、買収工作をして何らかの密約がなされたのではないかともいわれています。

秀吉は和睦申し出を受け入れたものの勝家の思惑を見通していたようで、申し出から約一か月後の十二月には清洲会議の結果勝家が得ることになった長浜城（滋賀県長浜市公園町、当時の城主は柴田勝豊）を囲み、開城させることに成功しました。さらに秀吉は兵を率いて信孝の居城である岐阜城（岐阜市金華山天守閣）を囲んで降伏させた後、翌年二月には一益の支配する北伊勢地方に兵を進めました。このように戦況が急速に悪化したため勝家は雪解けを待たずに出陣することを決意し、二月末に先鋒が出陣し三月になると勝家本隊も北庄城を出発しました。一方の秀吉も勝家の北近江進出の報を聞き、兵を北伊勢地方から返したことにより賤ケ岳《しずがたけ》、余呉湖周辺で両軍が睨み合うことになります。この後の「賤ケ岳の戦い」の戦況詳細については、「第二章　勝家を支えた武将たち」のなかで紹介しますが、勝家重臣の佐久間盛政の軍令違反や与力である前田利家の戦線離脱などが影響して勝家はこの戦いに敗北します。

利家の戦線離脱が戦いの敗北につながったという見方は文献資料からもうかがうことができ、『川角太閤記』によると、秀吉は利家の妻に対して戦いが意のままになったことはひとえに利家のおかげであると述べた、ということです。また先ほども紹介したとおり和議提案の際に買収工作がなされたらしいのですが、個別にも働きかけがあったらしく、『川角太閤記』には、秀吉が利家に使いを送り合戦になったらはっきりと裏切ることはできなくても合戦にかかわらないようにと伝えたのに対し、利家も裏切りは許してもらいたいが指図の通り双方にかかわることはしないと返事した、と書き記されています。

ところで、勝家は「賤ケ岳の戦い」で敗北した後北庄城に戻る途中で利家のもとを訪れますが、そのとき対面した様子を『賤嶽合戦記』では次のように書き記しています。勝家は利家に向かい、このたびの骨折りは申すに及ばない。自分の運命が尽き果てこのようになっては、おのおのに礼を申す甲斐もない。貴殿は秀吉と入魂の間柄であるから秀吉に対面して良いように頼むのがよいと語った、ということです。利家による戦線離脱が敗北の大きな要因であったにもかかわらず、利家の裏切りを責めなかったばかりか骨折りに感謝し秀吉を頼るようにと勧めたのが事実であれば、まさに温情あふれる対応であったといえるでしょう。利家は信長の近習時代から勝家に目をかけられる間柄で勝家を「親父様」と呼ぶほど敬愛していた一方で、秀吉とは夫婦ぐるみでの親交があり娘を秀吉の養女に出すほど親しい間柄でありました。したがって、そうした対応の背景には勝家が利家のこうした苦しい立場や複雑な心境を察していたからであると想像できます。さらに『前田家譜』には勝家の許にあった人質（利家の娘）も敗戦後に利家の許に送り返されてきたと記されている（『戦史ドキュメント　賤ケ岳の戦い』による）ということで、そこには温情のみならず勝家の潔さが行動に現れているように思われます。

◇参考・引用文献

高柳光壽『戦史ドキュメント　賤ケ岳の戦い』（学研M文庫）

『戦乱の日本史17　新説賤ケ岳の戦い』（小学館）

賤ケ岳古戦場碑（遠景は奥琵琶湖）

七　勝家の最期

勝家が「賤ケ岳の戦い」に敗れて以降北庄城に戻り自害するまでの経過については『太閤記』『賤嶽合戦記』『柴田合戦記』（『柴田退治記』ともいう）などに書かれています。それによると、「賤ケ岳の戦い」で勝家方の佐久間盛政隊や柴田勝政隊が崩れた後秀吉軍からの攻撃にさらされた勝家は、近臣の毛受《めんじょう》家照が勝家の身代わりとなって敵をふせぎ戦っている間になんとか戦場から逃れることができました。帰途、戦線離脱した前田利家と対面した後北庄城に戻りますが、もはや秀吉軍の攻勢を防ぐことができないほど軍勢は少なくなっていました。一方秀吉は天正十一年（一五八三）四月二十三日に、投降した利家を先鋒として大軍で北庄城を囲みました。そして翌日二十四日明け方に攻撃を開始しましたが、城に立て籠もった精兵らははげしく抵抗し、秀吉方にも多数の戦傷者が出ました。正午になって秀吉方は再度突入し、城方はなおもしばしば反撃したものの次第に兵の数が少なくなりもはや敗戦が決定的となったため、ついに勝家は妻・お市の方とともに自害しました。なお、『柴田合戦記』によると、周囲には勝家の命だけは助けるように請う者もいましたが、秀吉は池辺に毒蛇を放ち、庭前に虎を養うが如しであると述べ、この要請を容れなかったということです。

秀吉軍が城を囲んだ夜（勝家が自害した日の前日）、勝家とお市の方、お市の方と前夫・浅井長政との間にできた三姉妹（茶々、初、江）の家族は別れを告げますが、そのときの様子を伝える資料があります。『太閤記』には、お市の方は自分が城を出ることは思いもよらないが、三人の息女は城から出して父（長政）を弔ってもらいたいと言ったので、勝家はその旨を姫君に言い聞かせたのに対し、姉君（長女・茶々）はそれを拒否し母上と同じ道を行きたいと泣き悲しんだものの、それは聞き入れられることなく三人を城から出した（カッコ内は筆者補記）ことが、『賤嶽合戦記』には、勝家は三姉妹を秀吉の陣所に送り届ける

浅井三姉妹の銅像　左から茶々、江、初（「北の庄城址・柴田公園」内）

に際し、三姉妹は自らの子ではなく長政の子で、信長公の血縁でもあるのでよろしく取り計らうようにと伝えたのに対し、秀吉も決して疎かにしないので安心せよと返事したことが、それぞれ書き記されています。

ところで、『賤嶽合戦記』には、秀吉が北庄城を囲んで見下ろしたとき、勝家はもとより戦いに功有る人なので、城の留守居は軍役もできぬ年寄りや女人しかいなかったにもかかわらず、旗指物が城中長壁に飾り立ててあった。秀吉はそれを見て「武将はこのようにたしなむべきものだ。城中にはしっかりした者も残っていないだろうに、このように城を飾ることは普通の人間のできることとは思われぬ」と述べて感動していた、と書き記されています。

また、フロイスは本国に宛てた書簡（一五八四年一月二十日付）のなかで、北庄城における勝家と家臣との最期の様子を伝えています。それによると、勝家は広間に現れるとそこにいた武士たちに向かって、もし汝らに敵の赦しを得る術があるならば、その生命を永らえさせることを予は喜ぶであろう、と簡明に語った。一同、武士のみならず、その妻子までがことごとくかならずや彼に倣い、来世まで隋従するであろうと答え、柴田はこれに対し、汝らがすみやかに決心し、予と同じ意志であることを大いに喜ぶが、ただ心苦しく思うのは汝ら一同の予に対する愛情に報いる術がもはや今生においては得られぬことであると言った。そして彼は数多くの馳走を運ばせて彼らに振舞い、酒を飲んでは楽器を奏して歌い、大いに笑い楽しむ様はあたかも戦勝祝いか、夜を徹しての宴のようであった、ということです。さらに、秀吉が小早川隆景に宛てた書状（天正十一年（一五八三）五月十五日付）には、勝家は天守の九重目に上がり、『修理が腹の切り様見申して後学に仕候へ』という言葉を残して果てた、と書き記されています。

ここで今一度勝家の人生を振り返ってみると、最初は信長の父・信秀に仕え、信秀の死後は信長の弟・信行（信勝）の家臣として仕えました。この後信長に繰り返し反旗を翻そうとした信行を見限り、信長につくことを決断します。信長の家臣時代には数々の戦いに従軍して信長から認められるようになり、ついに一国を任されるまでに至ります。そうしたなかで信長が「本能寺の変」で横死すると、清洲会議では後継者に信長の三男・信孝を推しますが、秀吉が推した信長の嫡孫・三法師に後継者が決まった後も引き続き織田家を支えようと努力しました。まさに、勝家の人生は織田家のために仕え、支え続けた人生であったと思われますが、そのような志をもった勝家は、三法師の後見役にありながら自らが天下の君主をめざそうとする秀吉を到底受け入れることはできず、二人の対決は避けることができなかったと思われます。この両者はやがて「賤ケ岳の戦い」に及んで勝家は秀吉に敗れますが、高柳光壽氏はその著書のなかで、信長が本能寺の変で横死して以降の様々な局面における秀吉の政治力（政治的工作の力）が勝家よりも勝っていたことが賤ケ岳の勝利を決定づけた、と記しておられます。それはまた秀吉が自ら天下人をめざしたのに対し、勝家はあくまでも織田家を支え続けようとした志の高さの差、将としての器の大きさの差が反映しているようにも思われます。

◇参考・引用文献
松田毅一監訳『十六、七世紀イエズス会日本報告集　第Ⅲ期第６巻』（同朋舎出版）
福井市『福井市史　資料編２　古代・中世』
高柳光壽『戦史ドキュメント　賤ケ岳の戦い』（学研M文庫）

八　勝家とお市の方

最初に、勝家と結婚するまでのお市の方の足跡を簡単に紹介したいと思います。

お市の方は信長の妹です。その前半生については記された資料がほとんどないためよくわかりませんが、信長の命で浅井長政に嫁ぎ、これにより織田家と浅井家は同盟を結びます。このように二人の結婚は織田家と浅井家が政治的同盟を結ぶための政略的な結婚でしたが、お市の方と長政との間は睦まじく大変仲が良かったといわれ、長女茶々、次女初、三女江の三姉妹をもうけます。しかし、永禄十三年（一五七〇）に信長が浅井家と古くから関係の深かった朝倉義景攻めを敢行することを決意すると、長政は信長との同盟を破棄し義景と連携して信長に対抗します。しかし、天正元年（一五七三）に朝倉義景を滅ぼした信長は続いて浅井長政の居城・小谷城《おだに》（滋賀県長浜市湖北町）攻めを行い、長政は自害します。『浅井三代記』によると、このときお市の方は長政と共に死ぬことを求めましたが、長政から娘たちとともに生きながらえて菩提を弔ってほしいと再三説得され、結局お市の方は三人の娘と共に城を出て織田家に引き取られました。小谷城を退去してから親子がどこで生活していたかに関する確実な資料は残っていませんが、最初は伊勢上野城（津市河芸町上野）その後は清洲城に移されたというのが通説であるようです。

その後天正十年（一五八二）に「本能寺の変」で信長が横死した後、清洲会議を経て織田家筆頭家老の柴田勝家との再婚が決まり、三姉妹と共に北庄城に入ることになります。なお、二人の結婚はお市の方の甥にあたる信長の三男・信孝が勝家との関係強化を図り秀吉に対抗すべく仲介したものといわれてきました。ところが、先に紹介した勝家が堀秀政に宛てた書状（一五八二年十月六日付）の第一条には「縁辺の儀は秀吉と申し合わせた通りにした」と書かれているよう（『戦史ドキュメント　賤ケ岳の戦い』による）で、もしそのようであるならこの結婚は清洲会議に参会した秀吉を含む重臣たちの承諾を得て決まったことになり、三法師を後継者とすることとの交換条件のような形で秀吉も了承したのではないかという見方もあるようです。

しかし、北庄城での安穏な生活も長くは続かず、勝家と秀吉の対立が深まりやがて「賤ケ岳の戦い」に至ります。この戦いに敗れた勝家はなんとか北庄城に戻りましたが、秀吉軍に北庄城を囲まれるに及んで勝家とお市の方は城内で自害し運命を共にしました。なお、自害する前日の勝家とお市の方とのやりとりについては『賤嶽合戦記』に書き記されています。それによると、勝家がお市の方に対しそなたは秀吉のもとに送ろうと思うと言うと、お市の方は小谷落城のときに浅井方から送られてきたからこのような憂き目を見たのに、また生き延びれば人々の笑い種になりましょうと言って拒絶した、ということです。また侍女が記した手紙によると、お市の方は三姉妹を城から出すにあたり秀吉あてに自筆の手紙を書き養育を頼んだことが書かれていたということです。

なお、自害を前にお市の方が詠んだ辞世の句、それに勝家が返して詠んだ句が『太閤記』などに残っています。

お市の方の句

右：勝家の銅像　左：お市の方の銅像（「北の庄城址・柴田公園」内）

さらぬだに打《うち》ぬる程も夏の夜の別れをさそふ郭公《ほととぎす》かな

（そうでなくても夏の夜は短いのに、その別れを誘うほととぎすであることよ）

勝家の句

夏の夜の夢路はかなき跡の名を雲井にあげよ山郭公《ほととぎす》」

（夏の夜の夢は短くてはかない。それと同じようにはかなかった私の名を死後にどうか雲居にあげておくれ、山ほととぎすよ）

『柴田勝家公始末記』によれば、享年は勝家が六十二、お市の方が三十七であったと伝えられています。

◇参考・引用文献

『浅井三代記』改定史籍集覧第６冊（近藤活版所）

小和田哲男編『浅井長政のすべて』（新人物往来社）所収　神田裕理「お市との婚姻」北川央「それからのお市と娘たち」

高柳光壽『戦史ドキュメント　賤ケ岳の戦い』（学研Ｍ文庫）

長浜城歴史博物館『戦国大名浅井氏と北近江　浅井三代から三姉妹へ』所収

太田浩司「お市と浅井三姉妹の生涯」

福井市立郷土歴史博物館『研究紀要』第10号所収　足立尚計「校訂『柴田勝家公始末記』」

◇その他第一章全般にわたって参考・引用した文献資料等

山鹿素行『武家事紀』（新人物往来社）
太田牛一著、桑田忠親校注『信長公記』（新人物往来社）
中川太古訳『現代語訳信長公記』（新人物文庫）
小瀬甫庵著、桑田忠親校注『太閤記』（新人物往来社）
川角三郎右衛門『川角太閤記』戦国史料叢書1　太閤史料集（人物往来社）
志村有弘訳『川角太閤記』（勉誠社）
『賤嶽合戦記』続群書類従第20輯下（続群書類従完成会）
志村有弘訳『賤ケ嶽合戦記』（勉誠出版）
大村有己『天正記　柴田合戦記』戦国史料叢書1　太閤史料集（人物往来社）

第二章　勝家を支えた武将たち

一　佐久間盛政

『系図纂要』によると、盛政（通称　玄蕃充《げんばのじょう》）は父親が佐久間盛次、母親が柴田勝家の妹（ただし、『寛政重修諸家譜』などでは勝家の姉としています）の長子として生まれました。『寛政重修諸家譜』によれば、「天文二十三年（一五五四）尾張国愛智郡御器曾《ごきそ》に生る」と記されています。佐久間氏は御器所の地を拠点にしていましたが、御器所西城（名古屋市昭和区御器所）が本城であったので盛政はこの城で生まれたものと推定されます。母親が勝家の妹（または姉）ですので勝家は盛政の伯父（または叔父）にあたりますが、父親を若い頃に亡くしているため父と頼んだということです。

御器所西城址（現尾陽神社）

それでは盛政はどんな武将であったのでしょうか？『佐久間軍記』によると、身長は六尺（百八十二センチ）の長身、血面ややしゃくれ頬髭あり、とされています。また、盛政は「鬼玄蕃」ともよばれるほど勇猛で、『武家事紀』には「武勇人にすぐれ若くして戦功もっとも多し」と書き記されています。

『佐久間軍記』によると、永禄十一年（一五六八）信長が足利義昭を奉じた上洛時の戦のとき盛政は十五歳で初陣を飾りますが、この頃に父・盛次は戦死したようで、父の死後盛政や弟・勝政は勝家の庇護を受けることになります。これ以降の盛政の足跡を『信長公記』『佐久間軍記』などによってたどると、盛政は勝家とともに戦場に赴き、越前・朝倉義景、近江・六角承禎、将軍・足利義昭との戦いなどで戦功をあげます。盛政は戦功をあげることにより勝家を支え、勝家も盛政に対して絶大な信頼を寄せていたようです。その後、勝家のもとで北陸での一向宗門徒との戦いに明け暮れますが、天正八年（一五八〇）に一向宗の拠点である尾山御坊（金沢御堂《かなざわみどう》）を陥落させると加賀二郡を領することになり、尾山御坊を城に普請して金沢城主になりました。なお、『金沢市史』によると金沢城主としての事績が残る資料は家臣に宛てた知行安堵状が一点残されているだけのようで、城主となった後も一向宗門徒や越後・上杉景勝との戦いが続いたため、腰を落ち着かせて領国経営にとりかかることが困難であったのかもしれません。

この後勝家とともに越中で上杉軍との戦いをしている最中に「本能寺の変」が起こり信長は横死し、清洲会議を経て勝家は信長の三男・信孝や滝川一益とともに、秀吉方の信長の二男・信雄、丹羽長秀、池田恒興らと対立することになります。勝家軍と秀吉軍との間で行われた「賤ケ岳の戦い」は盛政の軍令違反が敗因の一つになって勝家側が敗北したともいわれていますが、以下戦いの経過と結果について『太閤記』『賤嶽合戦記』『柴田合戦記』(『柴田退治記』ともいう)『佐久間軍記』などの文献資料にもとづき要約して紹介します。

両者の対立が深まりつつあるなか、天正十年(一五八二)十一月に勝家側から秀吉に和睦申し出がありましたが、和睦は冬期に行軍が困難な勝家側の時間稼ぎであることを見通していた秀吉は、約一か月後の十二月にまず勝家の養子・柴田勝豊が守る長浜城(滋賀県長浜市公園町)を囲んで開城させました。その後も信孝が居城とする岐阜城、一益が拠点とする北伊勢地方を次々と攻めたため、もはや一刻の猶予もないと判断した勝家は雪解けを待たずに北近江地方に進軍したのに対し、その報を聞いた秀吉も急遽北伊勢地方から兵を返し、両軍は賤ケ岳・余呉湖周辺でにらみ合いを続け、約一か月にわたり膠着状態が続きました。

ところが、秀吉隊が北近江に移動したことにより手薄になった隙をついて美濃方面で一益や信孝が再び出兵したため、秀吉は自ら一部の兵をつれて美濃方面に向かったことにより状況に変化が生まれました。盛政は秀吉が賤ケ岳・余呉湖周辺の戦場に不在であること、一部の砦ではいまだ防備が不十分であるとの情報を得て勝家に奇襲することを提案したのに対し、勝家は砦を攻略した後にすぐに撤兵することを条件にこれを了承しました。そして盛政は秀吉方の中川清秀が守る大岩山砦を急襲しましたが、その攻撃はすさまじく、砦が落ちるとともに清秀は討ち死にすることになります。なお、このときの攻撃について『柴田合戦記』では「風の発するが如く、河の決するが如く」と書き記しています。

この後勝家は予定通り兵を引くように再三命じますが、盛政はこれに応じずその場に留まりました。初戦で優位に立った状況を保持し、さらに攻撃拡大するためには占領した地から撤退しないほうが良いと考えたこと、また秀吉は美濃方面にいるためすぐに引き返すことはできないという見通しもあったものと思われます。ところが、大岩山砦陥落の報を聞いた秀吉は、美濃から約五十キロの距離をわずか五時間という驚異的な速さで引き返します。それを知った盛政は撤退を開始し、巧みな用兵でなんとか秀吉軍の追撃をかわし、秀吉軍が思うような成果を上げられない状況のうちにとりあえず途中まで撤収することができました。しかしながら、この後（これ以降の戦況については　二　柴田勝政及び、三　毛受家照の中で記します）前田利家が戦線離脱するという予想外の事態が発生し、それを知った盛政隊は動揺して統制を失いまた秀吉軍の猛攻を受けて撤退し、ついに盛政も捕らえられてしまいます。『太閤記』によれば、捕らえられた盛政は、清秀を討ち取った後勝家の下知に従ってさっそく本陣に引き取っていたならばどうしてこのようになったろうかと言った、ということです。

ところで『佐久間軍記』によると、秀吉が汝の功績を知っているので誅することは忍びなく、怨敵という思いを翻して自分に従えば汝に肥後国を授けようと述べたのに対し、盛政は命を助けてもらい大国を授けられることは名誉であるが、自分が九州を治めた後上洛してあなたに対面すれば憤怒の感情が生じてきっとあなたを討つであろうと答え、死罪を望んだため盛政は刑死された、ということです。享年三十でした。

さらに『中川史料集』によると、盛政を捕えた後秀吉は中川清秀の子の秀政、秀成兄弟に引き渡し、父の仇なれば斬りなさいと言いましたが、兄弟は「父の死は義なり。盛政は捕虜の身であるので私怨でもって斬るべきではない」と言って断ると、秀吉は、さすがは勇将・清秀の子であると感じ入り、盛政は「清秀の子息であるか？　今ここで兄弟を見ると容貌は父によく似ており、父に劣らぬ勇ましい器量である」と涙を流した、と書き記しています。その後、盛政の娘（虎姫）は秀吉の命により二男の秀成と縁組したことも同資料に記されていますが、そうであるならば「賤ケ岳の戦い」で命を奪った盛政の娘と命を奪われた清秀の息子が婚姻するという数奇な運命をたどったということになります。いずれにせよ、秀吉は盛政の死後も縁組の骨折りをするほど彼の武辺を惜しむとともに人物としても高く評価していたことがうかがわれます。

なお、『太閤記』などには盛政の辞世の句が記されているので紹介します。

世の中をめぐりも果てぬ小車は　火宅の門を出づるなりけり

（この世はたえず廻っている因果な小車のようなものだ。いま自分の乗っている車も現世の門を出て、来世へ向かおうとしている）

◇参考・引用文献

『系図纂要　第8冊』（名著出版）

『新訂　寛政重修諸家譜　第九』（続群書類従完成会）

舟橋忠夫「尾張佐久間氏とその城砦」『城　139号』（東海古城研究会）

舟橋忠夫「佐久間氏とその城砦　尾張御器所城（西城）」『城　152号』（東海古城研究会）

楠戸義昭『戦国　佐久間一族』（新人物往来社）

『佐久間軍記』続群書類従第20輯下（続群書類従完成会）

山鹿素行『武家事紀』（新人物往来社）
太田牛一著、桑田忠親校注『信長公記』（新人物往来社）
中川太古訳『現代語訳信長公記』（新人物文庫）
金沢市史編さん委員会『金沢市史　通史編1』
小瀬甫庵著、桑田忠親校注『太閤記』（新人物往来社）
『賤嶽合戦記』続群書類従第20輯下（続群書類従完成会）
志村有弘訳『賤ケ嶽合戦記』（勉誠出版）
大村有己『天正記　柴田合戦記』戦国史料叢書1　太閤史料集（人物往来社）
高柳光壽『戦史ドキュメント　賤ケ岳の戦い』（学研M文庫）
北村清士『中川史料集』（新人物往来社）

◆コラム『名将言行録』に見る盛政

賤ケ岳の戦いに、一敗地にまみれた盛政は、なおも再起をはかり、尾山城さして道を急いだ。が、おのが領内に入った山中で、土民に襲われ、生捕りにされてしまった。（略）

敗れたりとはいえ、盛政の勇を惜しむ秀吉は、随身をすすめた。

しかし盛政は、きっと秀吉をみつめ、

「おろかを申さるな。もしそれがしが、一命を許され、一国を与えられるなら、いつかかならず、軍をおこしてお手前を攻めつけ、伯父の無念を晴らしてくれましょうぞ。それが武士の本懐であれば、かくなるうえは、ただ一死をのぞむばかりだ」

と、きっぱりはねつけ、懐より辞世を取りだした。

世の中をめぐりもはてぬ小車は火宅の門を出づるなりけり

やがて刑場に曳かれていった盛政は、検視の浅野長政に向い、

「このわしは、伯父の下知にさからい、このざまになった。いまわになお恨むのは、憎い猿面冠者を虜にすることもかなわず、死んでゆくことだ」

「これ、なにをいわれる。言葉をつつしまれい」

長政が、とがめると、盛政は毅然として、

「一軍の将の志は、おぬしにはわかるまい。が、死にのぞみ、あえてきかせてくれん。それ、源氏の大将頼朝は、追手に捕えられ、伊豆の蛭が小島に流されたが、あくまで志を捨てず、雌伏すること二十年、みごと平家をほろぼして父義朝の仇を報いた。大将の志というものは、死の寸前にいたるまで捨てるものではないわッ」

その、すさまじい気魄に、長政は息をのみ、かえす一言もなかった。

藤公房『戦国・名将言行録　二　東海編（下）』（ダイヤモンド社）より引用

二　柴田勝政

勝政は通称三左衛門といい、『系図纂要』によると父親が佐久間盛次、母親が柴田勝家の妹（『寛政重修諸家譜』などでは勝家の姉としています）の三男として生まれ、佐久間盛政の弟にあたります。勝政の生年を記した文献資料は見当たりませんが、『系図纂要』や『寛政重修諸家譜』によれば「天正十一年（一五八三）二十七歳で討死」としているので、弘治三年（一五五七）に生まれたようです。出生地についても『寛政重修諸家譜』には三歳年上の長男盛政や二歳年上の二男安政は愛智郡御器曾村で生まれたと記載されている一方、勝政についてはその記載がありませんが、同様に御器曾（御器所）村で生まれたものと推定され後に柴田勝家の養子となります。

『佐久間軍記』によると、勝政の初陣は十四歳で元亀二年（一五七一）の比叡山焼き討ちのときであったとしています。勝政も兄の盛政同様に勝家から信頼された武将であったようで、勝家や盛政とともに天正元年（一五七三）の将軍・足利義昭との戦いに参軍しましたが、そのときの活躍の様子を『佐久間軍記』では、盛政と勝政が先陣を争いどよめくように川を渡った、と書き記しています。その後勝家らとともに北陸方面で行動した勝政の足跡を『図説　勝山市史』から紹介します。それによると、加賀一向一揆との間で繰り広げられた戦いで勝政は勝家らを援けるため各地に出陣し、天正八年（一五八〇）には袋田村において築城を開始し、勝山城（勝山市元町）と命名しました。勝山城は九頭竜川の東側の河岸段丘に営まれた平城で、現在の市民会館あたりに本丸があったようですが、縄張りを示す絵図面などは残っていません。また、勝山の領地において勝政は勝安を名乗っていたようですが、どのような内政をしたかを知ることのできる資料はわずかしかなく、畦川文書と呼ばれる判物が二通残っているばかりであるということです。判物は新田開発するために用水路の建設を申し付ける内容のものと、夫役を免除するので逃散した者は帰村し農事に精を出すようにとする内容のものがあり、畦川の領民は勝政を徳政の人として尊敬し、その地に勝政の位牌を安置して法要も行ってきたということです。

その後勝政は「賤ケ岳の戦い」に参戦することになりますが、「一　佐久間盛政」において記載した以降の合戦経過について『太閤記』『賤嶽合戦記』『柴田合戦記』『佐久間軍記』などをもとに紹介します。秀吉方の中川清秀が守る大岩山砦を急襲した盛政が勝家の命令に従わずに現地に留まっている間に秀吉が驚異的な速さで美濃から引き返すと、盛政は撤退を開始しなんとか秀吉軍の追撃をかわして撤収することができました。この間勝政は、盛政が大岩山砦を攻撃したときには賤ケ岳に構える敵に備えつつ盛政の攻撃を掩護《えんご》する役割を果たし、盛政が大岩山砦から撤退するときには秀吉軍の追撃から盛政を掩護するという困難な任務にあたりました。盛政は無事退却を完了すると、勝政に対して自らの隊に合同するように求めたため、勝政の部隊も撤退を開始しました。このとき撤退の動きを監視していた秀吉は、待機していた旗本衆に対し勝政隊を攻撃することを命じたため、福島正則や加藤清正らが突入して勝政隊に大打撃を与えました。後世「賤ケ岳の七本槍」と称するのは、このときの福島正則ら旗本衆の活躍を指しています。勝政は追撃隊をかわしながら盛政隊に合同しようとする一方、盛政は退却してくる勝政隊の兵を収容しつつ、追撃してくる秀吉軍に邀撃《ようげき》を加えました。ところがこのとき思わぬ事態が発生しました。何と盛政の背後で掩護にあたっていた前田利家隊が陣地を放棄して撤退を開始し戦場から離脱してしまったのです。これを機に秀吉軍は多方面から盛政隊に対して攻撃を加えたため盛政隊の兵は混乱に陥り盛政自身も敗走しましたが、こうした混乱のなかで勝政も討ち取られたものと思われます。享年二十七でした。

◇参考・引用文献

『系図纂要　第8冊』（名著出版）
『新訂　寛政重修諸家譜　第六』『新訂　寛政重修諸家譜　第九』（続群書類従完成会）
『佐久間軍記』続群書類従第20輯下（続群書類従完成会）
楠戸義昭『戦国　佐久間一族』（新人物往来社）
勝山市『図説　勝山市史』
小瀬甫庵著、桑田忠親校注『太閤記』（新人物往来社）
『賤嶽合戦記』続群書類従第20輯下（続群書類従完成会）
志村有弘訳『賤ケ嶽合戦記』（勉誠出版）
大村有己『天正記　柴田合戦記』戦国史料叢書1　太閤史料集（人物往来社）
高柳光壽『戦史ドキュメント　賤ケ岳の戦い』（学研M文庫）

三　毛受家照

毛受《めんじょう》家照の名は「勝照」とも呼ばれ、通称も文献によってさまざまで「勝助」のほかに「勝介」「庄介」「庄助」などの記載がありますが、ここでは毛受勝助家照として紹介したいと思います。

家照については『太閤記』（諸士の伝記）に記載があり、そこには「毛受勝介は尾州春日井郡稲葉村の人也。柴田修理亮勝家に十二歳のころより仕え、後は小姓頭に任じ領一万石の地を領す。素性信篤く、古風を事とし、母に孝有り。勝家敗北の折節、舎兄茂左衛門尉諸共に忠死を快くし、其名尤も芳ばし。凡て朋友に信愛厚く、貧士を憐愍し、旅人等に恵み深く有し也。比類なき忠死也」とあります。

毛受家照の銅像（尾張旭市文化会館前）

これによると、家照の出身地は尾州春日井郡稲葉村（現在の尾張旭市稲葉）であることがわかります。家照の家系については諸説があるようですが、『東春日井郡誌』によると新居城（尾張旭市城山町）城主水野氏の後裔としており、後に姓を毛受に改めたということです。なお、家照が一万石を勝家から領したことは『柴田勝家公始末記』にも記されていますが、知行地については記されていません。これについて『稿本　毛受勝助』の著者である水野瀬市氏は越前国片山郷十八ヶ村（現在の鯖江市吉谷町）ではないかと推定されています。

次に、家照の活躍は元亀二年（一五七一）「長島一向一揆攻め」のときに見ることができます。前掲水野氏の著書によると、『（甫庵）信長記』や『蒲生文武記』などの文献資料にはこのときの経過が記されているということで、それによるとこの戦いにおいて勝家は負傷させられたうえに金の御幣の馬標（馬印）まで奪い取られてしまったところ、そこに家照が名乗りをあげて自らが敵中深くに入り馬標を奪い返して勝家のもとに届けたということです。なお、『信長記』は勝家小姓の名を水野次右衛門尉、年齢を十六歳と伝え、『蒲生文武記』は名を水野次右衛門、年齢を十七歳とするなど、名前も年齢も文献によってさまざまです。また『真書太閤記』には、勝家はあまりのうれしさに彼の手を取って涙を流し、汝は年若であるが智も勇も多く得がたい侍であり、馬印を取り返し恥辱をすすいだ手柄に対して何をもって賞美しても飽き足らないが、当座の恩賞として勝家の字をわけ与えて勝助家照と改めさせた、と記されています。水野瀬市氏も当初は水野次右衛門尉または次右衛門と名乗っていたが、「毛受」の姓も「勝助」「家照」も「長島一向一揆攻め」での活躍を契機として改めたのではないかと推定されています。

その後家照も「賤ケ岳の戦い」に参戦することになりますが、この戦いで佐久間盛政や柴田勝政の部隊が敗走するまでの経過はこれまでに紹介しましたので、ここでは『太閤記』『賤嶽合戦記』『柴田合戦記』などをもとに、柴田勝家本隊の動きと家照の働きに焦点をあててみたいと思います。勝家本隊は秀吉方の堀秀政隊や羽柴秀長隊を牽制する形で対時しながら佐久間盛政隊との間で連絡をとっていたものと思われますが、盛政隊が崩れると勝家隊に迫ろうとする秀吉軍の兵が次第に増えてきたため、勝家の陣中からは脱走する兵が続出しました。勝家は残った兵で秀吉方と決戦しようとしましたが、兵力差があまりにも大きいため家臣らがこれを諫め、勝家もやむをえず戦場を離れて北庄城に向かいました。ここで諫めた家臣のひとりが家照で、『太閤記』にはその経過が詳しく書き記されているので要約して紹介します。

勝家は「心を一つにして十死に一生を覚悟して合戦に及ぶときは勝つものである」と勇

んで決戦に臨もうとしたのに対し、家照（ただし、文献では毛受庄介としています）は「名も知れぬ者の手にかかったならば後の代まで口惜しいことでしょう。どうか北庄に帰城して心静かに御自害なさってください。私が馬印を受け取り、名代としてここで討ち死にしましょう」と諫めたので、勝家は御幣を家照に渡しました。秀吉軍は柴田の馬印を見て追撃したところ、家照が「天下に隠れもない鬼柴田と言われたのは自分である」と名乗りながら奮戦しているところへ兄の茂左衛門尉（ただし、文献では茂右衛門尉としています）が近づいてきて、自分も一緒に討ち死にしようと言いました。家照は兄と出会ったことを喜びながら「志は返す返すかたじけなく思うのですが、貴方は老母に孝行するため退却してください」と訴えましたが、兄は「老母はその方も知っている通り義理をお好みになる。義理を捨てて退却したならば母の心に違わないだろうか」と言って、結局兄弟は共に忠死することを決意したということです。

毛受兄弟はその後も奮戦を続けましたが、奮闘むなしく討ち死にします。秀吉は家照が勝家の身代わりになって忠死したことを賛美し、北庄城落城の翌日に家照兄弟の母と妹を呼び寄せ、いささかの扶持を与えたことも『太閤記』に記されています。なお、毛受兄弟の墓は二人が討ち死にしたといわれる場所（現在の滋賀県長浜市余呉町）に残されています。

ところで、家照が元亀二年（一五七一）の「長島一向一揆攻め」に従軍したときの年齢が複数の文献に記されていますが、『信長記』では十六歳、『蒲生文武記』『真書太閤記』では十七歳としているほか、これを十八歳と記す資料（『當代記』）もあるようで定かではありません。ただ『東春日井郡誌』ではその年齢を十七歳としており、それが正しいとすれば享年は二十九となります。

今一度家照の足跡を振り返ってみると、「長島一向一揆攻め」では勝家が一揆勢に奪われた金の御幣を家照が奪い返して手柄をたてことにより勝家から自らの名前の字を分け与えられたといわれ、「賤ケ岳の戦い」では勝家の身代わりになるため金の御幣を受け取って最期を遂げたわけで、水野瀬市氏は「金幣で勲功を挙げ金幣に散った生涯」と評しておられます。なお、この金幣の馬標は勝家の菩提寺である西光寺（福井市左内町）に保存されています。

◇参考・引用文献
小瀬甫庵著、桑田忠親校注『太閤記』（新人物往来社）
東春日井郡役所『東春日井郡誌』（愛知県郷土資料刊行会）
福井市立郷土歴史博物館『研究紀要』第10号所収　足立尚計「校訂『柴田勝家公始末記』」
水野瀬市『稿本　毛受勝助』

加藤正高『郷土史に秘められた勇者　毛受勝助』
中村孝也校訂『真書太閤記』（博文館）
『賤嶽合戦記』続群書類従第20輯下（続群書類従完成会）
志村有弘訳『賤ケ嶽合戦記』（勉誠出版）
大村有己『天正記　柴田合戦記』戦国史料叢書1　太閤史料集（人物往来社）
高柳光壽『戦史ドキュメント　賤ケ岳の戦い』（学研M文庫）

四　柴田勝豊

勝豊（通称　伊賀守）の生年や出生地については、これを記す資料がないためわかりませんが、『武家事紀』によると父親は吉田次兵衛、母親は勝家の姉であるので勝家の甥にあたります。勝家にはしばらく子がなかったため、勝豊を養子にしたと記しています。

『福井県史』によると、天正三年（一五七五）織田信長から越前八郡の領国経営を任された勝家は北庄城を築城すると同時に勝豊に豊原城（坂井市丸岡町豊原）を築かせましたが、天正四年（一五七六）に城を移して丸岡城（坂井市丸岡町霞）を築き、勝豊はその城主として四万五千石を領した（『武家事紀』による）ということです。

その後について『武家事紀』の記すところによれば、勝家に実子権六が出生すると勝豊をうとんじるようになり、また佐久間盛政の武勇がすぐれていたため、勝家は盛政を愛したということです。それをうかがうことのできるエピソードが『豊鑑』に記されていますので紹介します。勝豊（ただし、文献では伊賀守。以下同じ）が次第に盛政（ただし、文献では玄蕃。以下同じ）に圧倒されて妬みが深まりつつあったある新春の祝いの宴が催されたときのことです。一族の者たちが集まるなか、素焼きの盃が運ばれてくると、勝家はこれを取り上げて最初に盛政に差し出しました。勝豊はこれに納得できず、この盃を一番にいただくのは自分以外にないと述べて盛政から盃を取り上げたので、これにより一層二人の仲は険悪になった、ということです。これについて『豊鑑』を書いた竹中半兵衛の息子重門は、盃一杯の注ぎが恨みとなり、勝家が戦いに負けて滅亡したことは悲しい、と記しているほか、『太閤記』では、勝家はえこ贔屓がちなことが多く勝豊（ただし、文献では伊賀守。以下同じ）が恨みを抱いたが、勝豊に家督までは与えずとも盛政（ただし、文献では玄蕃允）兄弟に対してほどの親愛があればどうして父子の縁を変えようか、と記して勝家を批判しています。

さらに『武家事紀』によると、秀吉は勝豊と親しかったこともあり、また勝家と勝豊の仲が親密でないことを知り、勝豊に長浜城を与え味方に引き付けた、と記しています。このときの経緯を少し振り返ってみると、「清洲会議」で勝家は秀吉の本領であった長浜城を得るのですが、長浜城主に勝豊が決まるまでのいきさつが『賤嶽合戦記』に記されています。まず勝家が秀吉に対し長浜城を自分に渡してほしい、ついては盛政（ただし、文献では玄蕃）がこれを受け取ろうと語ると、秀吉は「長浜城はお渡ししますがご子息の勝豊（ただし、文献では伊賀。以下同じ）殿にお渡ししましょう。なぜなら勝豊殿は貴方の養子の惣領であるからです」と述べたのでそのように決まりましたが、これについては秀吉の心入れ深いことがあった、と記しています。

長浜城主としての事績に関する資料はほとんど残っていませんが、『長浜市史』によると坂田・浅井・伊香の湖北三郡に対して「借渡米銭」などを破棄する徳政を発布したり、竹生島に対して三百石の地を安堵したり、浄信寺というお寺に対しては二十石の米を毎年寄進することを申し入れしたりしているようです。

この後清洲会議から約半年後の天正十年（一五八二）十二月に、秀吉はまず最初に勝豊が城主をつとめる長浜城を大軍で囲みました。『太閤記』によると、そのうえで秀吉は勝豊（ただし、文献では伊賀守。以下同じ）の家臣に対して働きかけをし、勝豊が味方につくように説得させようとしました。家臣が戻り勝豊にその旨を伝えたところ、勝豊は勝家に恨みを深く抱いていたのですぐに同心し、家臣たちを呼び集めて「勝家が近年義理を違えた恨みの数々を十七条に記してあるのでこれを見て自分が間違っているなら諫め正してほしい」と述べたところ家臣たちはまったくその通りであると答えた、ということです。宣教師ルイス・フロイスも本国宛の書簡（一五八四年一月二十日付）のなかで、「近江、越前両国の境に長浜と称する城があり、ここに柴田（勝家）は名を伊賀（勝豊）殿という彼の養子を守将として置いた。彼は養父たる柴田に対して不満を抱いていたので反旗を翻し、羽柴の側についた」と記しています。このように、諸資料によると勝豊は勝家などに不満があったためあっさりと開城したように見受けられますが、このときの状況をみると勝家のいた越前はいまだ雪に閉ざされているうえ、近江・越前の国境地帯には秀吉軍が構えており、援軍を望むことはほとんど不可能であると判断したことが開城を決心した大きな要因であったといわれています。

賤ケ岳で両軍が睨み合うようになったとき勝豊の部隊は秀吉軍の前線に配置されますが、『武家事紀』の記すところによると、勝豊は病気であったので開戦のときには療養のため上京することになり、勝家よりわずかに早く四月二十日に死去したということです（ただし、『寛政重修諸家譜』では四月十六日に死去したとしています)。現在、勝豊は勝家やお市の方が眠る西光寺の墓地に合祀されて眠っています。

◇参考・引用文献

山鹿素行『武家事紀』(新人物往来社)
福井県『福井県史　通史編3　近世一』
竹中重門著『豊鑑』群書類従第20輯(続群書類従完成会)
小瀬甫庵著、桑田忠親校注『太閤記』(新人物往来社)
『賤嶽合戦記』続群書類従第20輯下(続群書類従完成会)
志村有弘訳『賤ケ嶽合戦記』(勉誠出版)
長浜市史編さん委員会『長浜市史2　秀吉の登場』
松田毅一監訳『十六、七世紀イエズス会日本報告集　第Ⅲ期第6巻』(同朋舎出版)
『新訂　寛政重修諸家譜　第六』(続群書類従完成会)
高柳光壽『戦史ドキュメント　賤ケ岳の戦い』(学研M文庫)

第三章　ゆかりの地探訪

一　下社城、末森城

下社城《しもやしろじょう》（名古屋市名東区陸前町）が築かれた年代は明らかでありませんが、柴田氏は勝家が生まれる以前からこの城を居城としていたようで、勝家はこの城で生まれたともいわれています。天正三年（一五七五）に勝家は信長から越前八郡を任されて北庄城の城主となりますが、その頃に下社城は廃城となったようです。

下社城は現在明徳寺《みょうとくじ》の境内になっています。明徳寺は周囲よりも高台にあって城跡の雰囲気は残っていますが、遺構は特に残っていません。階段を上がったお寺の山門左手前に「柴田勝家公誕生地」の石碑が、山門右手前に「下社城址」の標柱が建てられています。

下社城址（現明徳寺）

末森（末盛）城（名古屋市千種区城山町）は天文十七年（一五四八）に織田信長の父信秀が築城しましたが、信秀がこの城で死去すると信長の弟信行（信勝）が城主となります。しかし、信行（信勝）が家督を継ぐべく画策して信長と対立すると、信長により殺害されてしまい、それを契機に末森城も一旦は廃城となったようです。勝家は信秀や信行（信勝）の家臣として仕えていましたが、『武家事紀』によると、信行（信勝）の家臣時代にはこの城で仕えていたようです。いずれにしても、二人が城主をつとめていた末森城は勝家にとってかかわりの深い城でした。なお、末森城はその後天正十二年（一五八四）に秀吉と信雄・家康連合軍との間で繰り広げられた「小牧・長久手の戦い」の際に改築されて使用されたようです。

末森城は東山丘陵地の末端に位置する標高四十三

末森城址の堀跡

末森城址（現城山八幡宮）

メートルの丘に縄張りされ、広く東方から南方を見渡すことができました。郭内は東西四十三メートル、南北四十六メートルの本丸と東西五十メートル、南北四十三メートルの二の丸とに分かれ、二重の堀で囲まれていました。内堀には三日月堀という珍しい遺構があったといわれていますが、現在はその面影をとどめていません。

末森城の本丸跡は現在城山八幡宮の神域に、二の丸跡には旧昭和塾堂が建っています。城山八幡宮内に「末森城址」の碑が立っており、空堀などの遺構がよく残っています。

◇参考・引用文献
『日本城郭大系9　静岡・愛知・岐阜』（新人物往来社）
名古屋市教育委員会『名古屋の史跡と文化財』
山鹿素行『武家事紀』（新人物往来社）
谷口克広『天下人の父・織田信秀』（祥伝社新書）

明徳寺と城山八幡宮を訪ねて

下社城址である明徳寺を訪ねたとき、お寺の周囲には「柴田」の表札がかかった家がとても多くあったことに驚かされました。勝家が生誕してから約五百年が経過していますが、これだけでもこの地が柴田氏ゆかりの地であることを想起させるに十分であると思われました。一方、末森城址である城山八幡宮には堀跡などの遺構がよく残り、古城の面影を残す史跡が大都会の中で保存されてきたことは奇跡的ともいえ、このまま後世に受け継がれてほしいと強く願う気持ちにさせられました。

二　清洲城

信長は弘治元年（一五五五）に那古野城（名古屋市中区二の丸）から清洲城に移り、永禄六年（一五六三）に小牧山城（愛知県小牧市堀の内）に拠点を移すまでの約八年間この城を居城としていました。したがって信長の家臣であった勝家にとってはよく知り尽くした城でしたが、天正十年（一五八二）に信長が「本能寺の変」で横死すると、この城で織田家の後継者選定と領国の再配分を決定するための清洲会議が開催されることになり、秀吉らとともに会議メンバーのひとりであった勝家にとっては、さらにこの城とのかかわりは深まりました。

清洲城（愛知県清須市朝日城屋敷）は鎌倉街道と伊勢街道の合流地点で、中山道にも連絡する東西交通の要衝の地にありました。信長時代の清洲城は五条川によって形成された自然堤防上に位置し、居館は二百メートル四方の方形館で二重の堀で囲まれていたと想定されるようです。そのほか、館の北側と南側には北櫓、南櫓と呼ばれる屋敷の建物があったといわれていますが、信長時代の清洲城は石垣が使用されない未だ中世的な土造りの城であったようです。

信長の死後に清洲城の城主となった信長の二男・信雄は天正十四年（一五八六）城の大改修を行い、このときに初めて天守閣も築造されたようですが、その後も徳川期・慶長十五年（一六一〇）のいわゆる「清洲越し」によって町全体が名古屋に移転し清洲城が廃城となるまで、清洲の城下町は尾張における政治・経済の中心であり続けました。

清洲城はその後ＪＲ東海道本線で分断されて

清洲城址（現清洲公園）

しまいましたが、線路の北側の小丘が城址であるといわれており、現在は清洲公園になっています。また、五条川を挟んだ対岸には模擬天守が建てられています。

◇参考・引用文献
『日本城郭大系9　静岡・愛知・岐阜』（新人物往来社）
加藤理文『織田信長の城』（講談社現代新書）

清洲城址を訪ねて

現在清洲城址のすぐ脇にはJR東海道本線が通るなど、当時とは周囲の環境が大きく変わってしまいました。また、現在見られる天守閣は本来の清洲城跡とは川を挟んだ対岸の場所にあり、外観や規模などを想像して建てられたいわゆる模擬天守であるため残念な思いがします。この清洲城で開催された清洲会議では秀吉に主導権を握られて苦い思いをした勝家ですが、一方この会議においてお市の方との結婚が決まったようなので、勝家にとって清洲城は思い出が複雑に錯綜する城であったかもしれません。

三　賤ケ岳古戦場

信長の死後、清洲会議では信長の嫡孫・三法師を織田家の後継者とすることが決まりましたが、あくまでも三法師を家臣たちで支えようと考える勝家と、三法師を後継者に推挙しつつも自らが後見役として権力強化を図ろうとする秀吉との対立は深まり、両者が雌雄を決する形で起きたのが「賤ケ岳の戦い」です。

「賤ケ岳の戦い」は賤ケ岳周辺という狭い地域で行われたのではなく、北近江の余呉湖一帯という広い地域が戦場となりました。両軍兵力についてはよくわかっていませんが、『太閤記』によると勝家軍は二万余であったとしており、秀吉軍は勝家軍の二倍から数倍の大兵力であったと推測されています。当初両軍は余呉湖を挟んで睨み合っていましたが、勝家方の織田信孝らが美濃方面で出兵すると秀吉は一部兵力を率いてすぐに美濃に向かいました。そしてこれを知った勝家軍の佐久間盛政が大岩山砦を守る秀吉軍の中川清秀に攻撃をかけて火蓋が切られました。ところが、これを聞いた秀吉は美濃から驚異的な速さで戦場に引き返し、その後の戦いのなかで佐久間盛政の軍令違反や前田利家の戦線離脱などもあって、わずか二日足らずで秀吉軍が勝利を手にして決着します。あたり一面が多くの死体で埋め尽くされ、余呉湖は血によって朱に染まったといわれています。また、この合戦において、「賤ケ岳の七本槍」と呼ばれる加藤清正、福島正則ら秀吉軍の武将の活躍が武勇伝として伝わっています。

賤ケ岳の山頂広場には戦跡碑や戦没者の碑、武将の像などがたてられており、ここからは古戦場全体を一望することができます。両軍の配置を見ると、勝家軍は主として賤ケ岳の北側に陣を置いています。内中尾山の玄《げん》蕃尾城《ばおじょう》に勝家が、行市山砦《ぎょういちやまとりで》に佐久間盛政、また当初は別所山砦に前田利家が配置されていましたが、後に茂山砦に配置移動されています。一方、秀吉軍は勝家軍の南側、賤ケ岳から見ると主に北東方向から東方向にかけて陣

「賤ケ岳砦跡」案内板と余呉湖

を置き、秀吉は木ノ本に本陣を構えました。そのほか、田上山砦に羽柴秀長、左祢山（東野山ともいう）砦に堀秀政、大岩山砦に中川清秀、賤ケ岳砦に桑山重晴らが構えていました。これらの城や砦のうち、賤ケ岳砦、玄蕃尾城、左祢山（東野山）砦などには曲輪、土塁、堀切などの遺構が比較的良好な状態で残っています。また、賤ケ岳から尾根続きの大岩山頂には佐久間盛政に攻められ討ち死にした中川清秀の墓が、賤ケ岳北方の長浜市余呉町には勝家の身代わりになって討ち死にした毛受兄弟の墓が残っています。

◇参考・引用文献
高柳光壽『戦史ドキュメント　賤ケ岳の戦い』（学研M文庫）
『新説戦乱の日本史17　賤ケ岳の戦い』（小学館）

賤ヶ岳古戦場を訪ねて

この地を訪れた九月上旬はまだ暑さが厳しく、汗びっしょりになりながら山道を歩き山頂をめざしました。山道の中腹では蟬が鳴き、山頂近くになると上空に蜻蛉が舞うようになり、夏から秋への季節の移り変わりを感じました。山頂からの眺めは雄大で、北側には余呉湖、南側には奥琵琶湖の湖面が青空に映え、とても穏やかな表情を見せていました。しかし、合戦時には山頂から両軍の動き、激しい戦いの様子、そして凄惨な光景までもが手に取るように目に映ったのではないかと思われ、穏やかな風景からも何ともいえない緊張感が伝わってきました。

四　北庄城、柴田神社、西光寺

天正三年（一五七五）に越前の一向一揆を平定した信長は勝家に越前八郡を与えました。勝家は北庄城を築城し、その城主となって城下町を建設したり領国経営に励んだりします。しかし、信長が本能寺の変で倒れると状況は一変し、天正十一年（一五八三）「賤ケ岳の戦い」で秀吉に敗れた勝家は北庄城に逃れてきましたが、秀吉軍に城を囲まれたため自刃し、そのとき天守も炎上したためわずか八年で灰燼に帰してしまいます。

北庄城《きたのしょうじょう》（福井市中央一丁目）は足羽川と吉野川の合流点を本丸とし、北へ二の丸、三の丸と配し、後方は河川による天然の堀という堅固な縄張りであったとされ、いわゆる梯郭式の城とみられています。ポルトガルの宣教師ルイス・フロイスが本国に宛てた書簡（一五八一年五月十九日付）には「この城は大変立派なもので城の（屋根）瓦はことごとく立派な石で葺かれ……」と記されているほか、秀吉が小早川隆景らに宛てた書状（天正十一年五月十五日付）には「城中ニ石蔵を高築、天主を九重ニ上候……」と記されており、安土城にも劣らない壮大な城郭であったと想像されます。

その後、慶長五年（一六〇〇）に当地に入った結城秀康が城と城下町を改修・整備し、慶長六年（一六〇一）に新しい城（後に福井城と改名）の建設を行ったため、勝家時代の北庄城の遺構はほとんど地下に埋もれてしまいました。

かつて北庄城の本丸があった場所は、現在「北の庄城址・柴田公園」になっています。「北の庄城址・柴田公園」には北庄城および福井城の一部遺構が整備・保存されているほか、公園内には「北の庄城址資料館」が併設され

北の庄城址・柴田公園

柴田神社

ています。また、勝家、お市の方、三姉妹（茶々、初、江）を御祭りする柴田神社が隣接しており、勝家などの銅像が建っています。

勝家の菩提寺である西光寺《さいこうじ》は、福井市左内町にあります。境内には勝家とお市の方らが眠る墓がありますが、これは勝家から死後の供養を託された家臣によって慶長年間に建立されたと伝わっています。西光寺では勝家らの命日にあたる四月二十四日に法要が営まれており、境内にはゆかりの品々を展示する「柴田勝家公資料館」も建っています。

◇参考・引用文献

『日本城郭大系11　京都・滋賀・福井』（新人物往来社）

『名城をゆく　24　北庄城・丸岡城・一乗谷館』（小学館）

『新説戦乱の日本史　17　賤ケ岳の戦い』（小学館）

勝家とお市の方の墓（西光寺）

北庄城址、柴田神社を訪ねて

北庄城址は現在「北の庄城址・柴田公園」として整備・公開されており、訪れた日は平日であったにもかかわらず遺構を観察したり、隣接する柴田神社で手を合わせたりする人が結構見られました。勝家は城主としてこの地を治め続ける夢を持っていたと思われますが、その半ばで終えざるを得なくなり無念な思いであったに違いありません。しかし、勝家の死後四百年以上を経過した現在に至っても福井市民をはじめ、多くの人がこの地を訪れ、慕われているのを知れば、本人も少しは慰められる思いがしているのではないかと思われました。

五　御器所西城

『寛政重修諸家譜』によると、佐久間盛政は御器曾《ごきそ》（所）村《むら》で生まれたとあり、弟の勝政（のちに柴田勝政）も同様に御器所村で生まれたと推定されます。佐久間氏は御器所の地を拠点としており、御器所近辺には七か所の城砦が存在しましたが、御器所西城《ごきそにしじょう》（名古屋市昭和区御器所）を本城（領主が本拠地としている城のこと）としていたので、盛政や勝政はこの城で生まれたと思われます。また御器所西城の廃城時期は定かではありませんが、盛政が北陸に移ってからであるといわれており、盛政がこの城の城主であった可能性もあります。いずれにしても、御器所西城は盛政や勝政とかかわりの深い城であったことは間違いありません。

御器所西城の城地は東西に長く低い御器所台地上にあり、

尾陽《びよう》神社と御器所《ごきそ》西城跡

尾張藩祖徳川義直と十四代慶勝《よしかつ》を祀《まつ》る神社で、明治四三年（一九一〇）名古屋開府三〇〇年を記念して創建され、大正一一年（一九二二）当地に遷座した。

　この地は、御器所西城跡で、築城年など不明な点も多いが、十五世紀中頃にこの地を支配していた佐久間氏（一説には佐久間美作守《みまさかのかみ》）によって築かれたといわれている。

　佐久間氏の中には、信長の父・信秀の代から織田家に仕えていた者もいた。

名古屋市教育委員会

尾陽神社地内の説明板より

東は東山丘陵に連なり、その東西の端には川が流れていました。『尾張志』には「四面堀かまへにて、土居あり。城址廻り二百四十間あり」と記され、四周を堀と土居で囲まれた簡単な縄張りで、本曲輪は真ん中で土塁で仕切られていたということです。また、地籍図から見ると方形で単郭式の城館であったと推測されるようです（以上、『城　152号』による）。

御器所西城址は以前堀や土居などの遺構が残っていたようですが、大正のはじめに尾陽《びよう》神社を奉祀したときに改修されたため、現在はほとんど遺構が残っていません。

◇参考・引用文献
舟橋忠夫「尾張佐久間氏とその城砦」『城　139号』（東海古城研究会）
舟橋忠夫「佐久間氏とその城砦　尾張御器所城（西城）」『城　152号』（東海古城研究会）
名古屋市教育委員会『名古屋の史跡と文化財』

伝豊臣秀吉母宅跡

秀吉の母、大政所《おおまんどころ》は従一位《じゅいちい》まで叙せられていながら、その素性がはっきりしない。いつごろから御器所の人だと言われ始めたのか分からないが、天野信景の随筆『塩尻《しおじり》』には「尾州愛智郡御器所村の人也」とある。また、この後天保年間（一八三〇～四四）尾張藩がまとめた「尾張志」には「この御器所村の古老伝説に、太閤秀吉の母堂はこの御器所屋敷に住んで秀吉を生み、そこで御所屋敷というようになった」とある。秀吉の母が持萩《もちはぎ》中納言の娘との伝説と、中納言の屋敷がここにあったとの伝説が結びついたものと言われている。

名古屋市教育委員会

「伝豊臣秀吉母宅跡」の説明板より

尾陽神社を訪ねて

御器所西城址には現在尾陽神社が鎮座しており、周囲は閑静な住宅街ですが、この場所だけが木々が鬱蒼としたこんもりとした丘になっています。なお、尾陽神社から目と鼻の先ほどの地には秀吉の母・大政所が住んでいた屋敷と伝わる場所があります。もしこの伝承が事実であるとすると、御器所の地には後年「賤ケ岳の戦い」で火花を散らした佐久間盛政の出生地といわれる御器所西城と豊臣秀吉の母親の屋敷が隣り合わせで存在していたことになり、不思議な因縁を感じざるを得ません。

六　金沢城

佐久間盛政は勝家のもとで加賀一向一揆の鎮圧にあたり、天正八年（一五八〇）に一揆の拠点である尾山御坊（金沢御堂）を陥すと、その功労により御坊を金沢城（尾山城ともいう）に普請し初代金沢城主となりました。盛政は天正十一年（一五八三）の「賤ケ岳の戦い」に敗れ刑死されるまでの約三年間城主をつとめましたが、城主となって以降も一向一揆勢力との戦いに休む間もなかったため、十分な城つくりもできなかったようです。

金沢城（金沢市丸の内）は犀川と浅野川に挟まれた小立野台地の先端部分を利用して築かれていますが、尾山御坊はこの金沢城本丸付近に建てられていたと伝えられているものの、正確な位置などは確定されていません。盛政時代の金沢城については、「ようやく木戸を構え、塀を掛け、取出（砦）同然の小城なり」（金城深秘録）、「かきあげて城の形になし、それより御取り立てありて山城になさる」（三壺聞書）などの記録が残っているということです（『よみがえる金沢城1』による）。このように、土塁と堀の造成をし尾山御坊のあった台地先端を防御する程度の造りであったようですが、現在も金沢城で最大規模を誇る蓮池堀（百間堀ともいう）は盛政城主時代に掘られ、後に拡幅されたといわれています。

その後、金沢城には天正十一年（一五八三）に前田利家が入城しましたが、天正十五年（一五八七）に高山右近が利家の臣下として仕える身となってから、その指導の下で本格的な城造りが始められたようで、さらに三代前田利常の頃になって近世城郭としての完成を見るとともに、城下町の整備も進められました。

◇参考・引用文献
金沢市史編さん委員会『金沢市史　史料編19　考古』
『日本城郭大系7　新潟・富山・石川』（新人物往来社）
石川県教育委員会金沢城研究調査室編『よみがえる金沢城1』（石川県教育委員会）

金沢城を訪ねて

金沢城の初代城主であった佐久間盛政とともに勝家方として「賤ケ岳の戦い」に加わった前田利家が戦いの途中で戦線離脱したため盛政隊は崩れて敗走せざるを得なくなった一方、利家はその戦功もあって敵方の秀吉から第二代城主を任されており、このように何とも皮肉な経過をたどって城主が入れ替わっています。ところで、金沢城は近年復元整備も進み金沢市の観光拠点にもなっていますが、尾山御坊（金沢御堂）や盛政時代の金沢城についてはいまだによくわかっておらず、今後の発掘調査により解明されることを期待したいところです。

七　願証寺、長島城

元亀二年（一五七一）に信長は第一回の長島一向一揆攻略のために出陣をしていますが、そのときの戦いの様子については『信長公記』に書き記されていますので、要約して紹介します。五月十二日信長は長島を三方から攻めさせましたが、五月十六日大田口で村々に火を放って退去しようとしたとき、長島の一揆勢は山側へ移動し、退去する先々に弓・鉄砲の射手を配置して待ち構えました。柴田勝家が形勢を見計らい最後尾で退去しつつあったとき、一揆勢がどっと攻めかかりました。散々に戦った末、勝家は軽い手傷を受けて撤退した、ということです。しかしながら『(甫庵)信長記』や『蒲生文武記』などの文献資料にはさらに詳細な記述が見られ、このとき勝家は一揆勢に金の御幣の馬標（馬印）まで奪い取られてしまいましたが、そこに毛受家照という小姓が名乗りをあげ自らが敵中深くに入り馬標を奪い返して勝家のもとに届けたということです（以上『稿本　毛受勝助』による）。

このように激しい戦いが繰り広げられた長島一向一揆攻めですが、このとき一向宗の拠点となったのが願証寺（桑名市長島町杉江）であり、ほかの出城とともに一揆勢の防衛上の要害であったのが長島城（桑名市長島町西外面）です。

願証寺は木曽・長良・揖斐の木曽三川に囲まれた長島にあり尾張（愛知県）、美濃（岐阜県）と接するだけでなく、舟の便もよく交通の要衝にありました。また、願証寺は一向宗門徒の一大拠点となる寺院であっただけでなく、政治的にも軍事的にも大きな影響力を持っていましたが、その規模などは不明で、明治年間の木曽三川改修に伴い水没したということです。『長島町誌』によると、現在桑名市長島町又木にある願証寺は旧長島願証寺（長島町杉江）の寺縁とは別なものであるものの、旧長島願証寺の門徒衆は現在の願証寺に引き継がれているとみるべき、ということです。なお、又木にある願証寺の境内には「長島一向一揆殉教の碑」が立っています。

長島城も木曽三川に囲まれた中州の中央に位置し、交通の要衝であり一向宗門徒にとって防衛上の要害でもありました。信長との戦いを展開した当時の城の規模や縄張りなどは不明ですが、天正二年（一五七四）の三回目の攻撃により一揆勢が平定されると、滝川一益が信長から城を与えられます。しかし、本能寺の変で信長が横死して以降、一益は勝家方について秀吉方に対峙したため、天正十一年（一五八三）に秀吉に攻められ、領地も没収されました。その後も明治五年（一八七二）に廃城となるまで歴代領主によって修築、整備が繰り返されたようです。現在、城跡は小学校、中学校の校地となりほとんど遺構をとどめていません。

◇参考・引用文献

『日本城郭大系10　三重・奈良・和歌山』（新人物往来社）

太田牛一著、桑田忠親校注『信長公記』（新人物往来社）

中川太古訳『現代語訳信長公記』（新人物文庫）

水野瀬市『稿本　毛受勝助』

長島町教育委員会『長島町誌　上巻』

長島一向一揆殉教の碑（又木・願証寺境内）

願証寺と長島城址を訪ねて

願証寺は河川改修に伴い水没してしまい、長島城の城跡には小中学校が建設されており、当時の面影を残していません。また、織田軍を悩ませた中小河川が入り組んで流れる複雑な地形も改変し、今ではのどかな田園風景が広がるだけでなく、市街化も進んでいます。長島一向一揆勢力と織田軍が壮絶な戦いを繰り広げた重要な歴史の舞台が、その後の環境変化によって面影が薄れてしまったことは残念に思われてなりません。

長島城跡

長島城は、文明年間（一四六九～八七）に伊勢国安濃郡の長野氏一族と伝えられる伊藤重晴が長島を治め築城したと言われています。

その後、長島北部の杉江にあった願証寺《がんしょうじ》が浄土真宗の一大拠点となると、伊藤氏は滅ぼされ、長島城も願証寺の支配下に入りました。そのため、長島一向一揆の時には織田信長の攻撃を受け、天正二年（一五七四）に包囲され敗れます。

江戸時代に入ると、菅沼氏・松平氏が藩主となりましたが、増山正弥《ましやままさみつ》が元禄十五年（一七〇二）に長島二万石の藩主になると明治維新まで増山家が続きました。

城の建物は残っていませんが、大手門の一部が蓮正寺《れんしょうじ》（長島町又木《またぎ》）の山門として使われているほか、本丸の南西隅にあった樹齢三百年以上のクロマツが今でも城跡の名残として、その威容を誇っています。

平成二十四年三月

桑名市教育委員会

長島中学校脇の説明板より

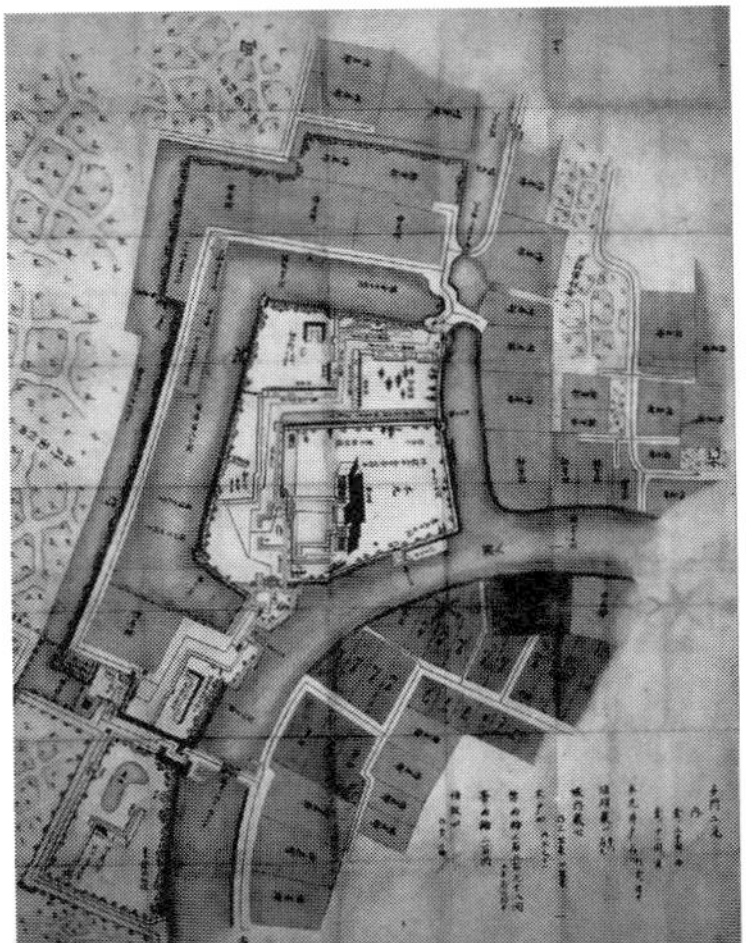

左：長島城図　右：樹齢 300 年以上のクロマツ（長島中学校脇の説明板より）

八　丸岡城

天正三年（一五七五）に信長から越前八郡を与えられた勝家は、自らは北庄城を築城する一方で甥の勝豊に豊原の地を与えて治めさせました。勝豊は翌年の天正四年（一五七六）に城を現在の丸岡の地に移して築城し、城主となりました。現在の丸岡城天守はこの天正四年（一五七六）が創建年代であるといわれていますが、後世に建造されたものであるとする説もあり確定することはできないようです。

丸岡城（坂井市丸岡町霞）は福井平野の東北部、現在の丸岡の市街地にある標高約十七メートルの独立小丘陵を本丸とする平山城で、現存する絵図などによって縄張りを見ると、本丸の北方の平地に二の丸を設け、これを広い堀で囲み、その周囲に三の丸を配し、さらに二重の堀をめぐらすという連郭式と環郭式を組み合わせた縄張りであるということです。また、天守は本丸南端に位置し、高さ約六メートルの野面積みの石垣で天守台を築き、外観二層、内部三階、高さ十二・六メートルで、国内に現存する十二天守のうち最古のものであるともいわれています（愛知県の犬山城が最古であるともいわれており、確定していません）。そして天守の屋根は石瓦を葺いていることで有名で、この石は福井県産の笏谷石《しゃくだにいし》といわれる凝灰岩でできており、勝家の居城・北庄城と同様です。ただ、この石瓦は築城当初から葺かれていたものとは断定しがたいということです。

明治に入って城内の土地、建物等は民間に払い下げられましたが、そのときの記録によると、払い下げられた建物は天守、第一号～第六号櫓、元丸岡県庁舎、不明門、豊原門、石橋門、東門、西門などで、落札後に天守を除くすべての建物は取り壊されたということです。

◇参考・引用文献

『日本城郭大系11　京都・滋賀・福井』（新人物往来社）

『名城をゆく24　北庄城・丸岡城・一乗谷館』（小学館）

丸岡城天守閣

丸岡城を訪ねて

丸岡城の天守は国内に現存する天守のなかで最古であるともいわれており、板張りの壁をもつ小さな天守は古風で味わいのある姿を見せています。また、笏谷石を使用した石瓦は勝家の築城した北庄城と共通するもので、雨に濡れると一層趣を増して美しくなるとガイドの方から説明を受けました。天守内にある階段は非常に急傾斜かつ幅が狭く、上り下りするときにはロープの手助けが必要なほどですが、戦国期からの姿がほとんど変わらず保たれているので、武具を身にまとった武将たちが今にも現れそうで臨場感にあふれていました。

九　長浜城

秀吉は浅井長政の小谷城（長浜市湖北町伊部）を攻略したときの功により天正二年（一五七四）に今浜の地で城造りを始め、翌年に城が完成すると地名を長浜に改めました。その後、信長が「本能寺の変」で横死すると、天正十年（一五八二）六月の清洲会議の結果、長浜城は柴田勝家に与えられることが決まり柴田勝豊が城主となりました。勝豊が長浜に入った正確な時期は不明ですが、長浜城主としての政治と家臣団形成は、清洲会議から約二か月を経た八月下旬に本格化したと見られるようです。しかしながら勝家と秀吉の対立が深まると同年十二月に秀吉はこの城を囲み、勝豊は降伏して開城しました。その後城主は数代にわたり入れ替わりますが、元和元年（一六一五）には廃城となり、彦根城築城のため建物や石垣の石が大部分持ち去られたということです。

なお、現在の長浜城は模擬天守閣として復興建築されたもので、内部は歴史博物館として公開されています。

秀吉時代の長浜城（滋賀県長浜市公園町）は長浜市の琵琶湖湖岸にある豊公園の場所にあり、

本丸には天守があったと思われるほか、諸御殿が建設されていたようです。過去に実施された発掘調査により湖岸付近に城の石垣が検出され、櫓跡の一部であると推定されています。また発掘調査により石垣列が湖中方向に延びることが確認されており、「太閤井戸」などの井戸も複数湖中から確認されているので、城域は湖中まで達していたと考えられるようです。いずれにせよこの城は三か所以上の湊を持っており、湖岸に高石垣で築城していることと考え合わせると湖上交通を重視した城であったと見られています。

◇参考・引用文献
『日本城郭大系11　京都・滋賀・福井』（新人物往来社）

「長浜城天守閣跡」碑と秀吉像（豊公園内）

長浜市史編さん委員会『長浜市史2　秀吉の登場』

長浜城址を訪ねて

長浜城歴史博物館からわずかに湖方向に向かった場所に天守台跡があり、さらに湖岸線から数メートル先の湖中には「太閤井戸跡」の碑が建てられ、現地を訪ねると秀吉、勝豊時代の長浜城が湖岸際に築城されていたことがよくわかります。このように長浜城は陸上交通だけでなく、湖上交通においても重要な位置に築城されており、勝家もその重要性を十分に認識していたからこそ「清洲会議」で長浜城を所望し勝豊を城主においたものと思われます。その後「賤ケ岳の戦い」の前哨戦で秀吉はまず長浜城を攻めて奪い返しており、長浜城をめぐる両者の思惑や駆け引きを想像しながら現地を歩けば一層歴史に触れたという実感が強まると思います。

ゆかりの地にある関連施設

柴田勝家公資料館

1） 施設の概要

西光寺境内にある柴田勝家に関する展示施設で、１階には勝家とお市の方の木像が安置され、２階には北庄城跡から出土した鬼瓦、勝家所用の金の御幣の馬標、宝刀「袖切丸」、勝家直筆の書状などが展示されています。

2） 住所　福井市左内町 8-21

3） 電話番号　0776-36-1528

4） 営業時間など

12 時から午後 4 時まで（無休）

5） 参拝料　300 円

6） 交通機関

ＪＲ福井駅から京福バス「足羽山公園下」下車すぐ

7） その他

入館するには事前に電話予約が必要

北の庄城址資料館

1） 施設の概要

北庄城址の跡地である「北の庄城址・柴田公園」や柴田神社の敷地内に併設された資料館で、北庄城に関する遺物や史料、柴田勝家の偉業を伝える品々（舟橋の鉄鎖など）を収蔵展示しています。

2） 住所　福井市中央 1 丁目 21-17

3） 電話番号　0776-20-5460

4） 営業時間など

午前 9 時から午後 6 時まで（無休）

5） 入館料　無料

6） 交通機関

ＪＲ福井駅から徒歩５分

ゆかりの地にある関連施設

長浜城歴史博物館

1）施設の概要

長浜城をイメージした歴史博物館で、秀吉と長浜に関する資料、長浜城築城のジオラマ、賤ケ岳合戦図屛風などが展示されています。

2）住所　長浜市公園町 10-10

3）電話番号　0749-63-4611

4）営業時間

午前 9 時から午後 5 時まで

5）入館料　400 円

6）交通機関

ＪＲ長浜駅から徒歩７分

坂井市丸岡歴史民俗資料館

1）施設の概要

霞ヶ城公園の一角にあり、柴田勝家・勝豊ゆかりの豊原（豊原寺、豊原城）の歴史資料をはじめ、丸岡城の古絵図、鳥瞰模型、古武具などが展示されています。

2）住所　坂井市丸岡町霞 4-12

3）電話番号　0776-67-0001

4）営業時間

午前 8 時 30 分から午後 5 時まで

5）入館料　300 円

6）交通機関

ＪＲ福井駅から本丸岡行きバス「丸岡城」下車すぐ

おわりに

この本では文献資料を通して柴田勝家の足跡を追うとともに、果たして「勇猛な武将」であるというだけで信長の筆頭家老ともいえる立場になり、越前八郡の領国経営を任されたのかという疑問に対する答えを探ってきました。

勝家は戦では先陣をつとめ果敢に突進する力にすぐれていただけではなく、退却するときには困難な役割とされる殿《しんがり》も幾度となくつとめる能力を持ち合わせていました。また、戦で窮地に陥ったときにも冷静に対処し、味方を鼓舞して窮地を脱する術を知り尽くした武将であったこともうかがうことができました。また、勝家は武骨一辺倒な武将と捉えられがちですが、精力的に領国経営にもあたり、すぐれた行政手腕の能力のほか秀吉に先駆けて検地や刀狩りを実施するなど先進性も兼ね備えていました。そして何よりも勝家が生涯を通して織田家のために尽くし、支えようとした姿勢を続けたからこそ信長から絶大な信頼を得ていたのではないかと思われます。

また、勝家は「鬼柴田」とも呼ばれるなど武骨で恐ろしい人というイメージもあるようですが、「賤ケ岳の戦い」で戦線離脱した前田利家に対し、永年の骨折りに感謝するとともに今後は仲の良い秀吉を頼って身を立てるように勧めただけでなく、利家から預かった人質の娘も送り返しており、温情あふれる優しさがあり潔く振る舞うことができる武将であったことも見てきました。

尾張時代の勝家は信秀、信行(信勝)、信長といった織田家の家臣にすぎなかったのに対し、越前時代は北庄城の城主で越前八郡の領国経営を任され領民との接点も多かったこと、また文献資料のみならず考古資料も越前時代の勝家に関するものの方が圧倒的に多いこともあり、勝家が福井県民とりわけ福井市民にとって親しみのある存在であるのに比べて、生まれ故郷の名古屋市や愛知県では三英傑(織田信長、豊臣秀吉、徳川家康)の陰に隠れてしまい、あまり広く認知されているとはいえず、正当な評価を受けていないという印象を受けます。この本を通して郷土の方々にも勝家が広く正しく認識され、郷土の偉大な武将であると見直されるきっかけになれば大変うれしく思います。

この本を書くにあたっては、できるだけ文献資料から忠実に紹介することをこころがけたつもりですが、歴史研究の専門家でもない筆者の力不足もあり、正確性を欠いたり的確な表現でない記述などがあったりするのではないかと思われます。読者の皆様からご指摘、ご指導いただければ幸いです。

最後になりましたが、この本の出版をこころよく引き受けていただき、数多くの助言をいただいた出版社「ゆいぽおと」の山本直子さんに深く感謝したいと思います。

小野之裕（おの　ゆきひろ）
一九五五年、名古屋市生まれ。和歌山大学経済学部卒。日本たばこ産業株式会社に二十七年間勤務。
退職後、現在も名古屋市内に在住。日本古代史、戦国時代史に特に関心あり。

装画・装丁　金清美（アトリエ・ハル）

柴田勝家と支えた武将
２０１８年１月11日　初版第１刷　発行

著　者　小野之裕
発行者　ゆいぽおと
〒４６１‐０００１
名古屋市東区泉一丁目15‐23
電話　０５２（９５５）８０４６
ファクシミリ　０５２（９５５）８０４７
http://www.yuiport.co.jp/

発行所　ＫＴＣ中央出版
〒１１１‐００５１
東京都台東区蔵前二丁目14‐14

印刷・製本　モリモト印刷株式会社

内容に関するお問い合わせ、ご注文などは、
すべて右記ゆいぽおとまでお願いします。
乱丁、落丁本はお取り替えいたします。

ISBN978-4-87758-469-6 C0026